Muttersprache plus

5 Arbeitsheft

für Lernende mit erhöhtem Förderbedarf im inklusiven Unterricht

Erarbeitet von
Marion Böhme, Gabriele Klaßmann,
Martina König, Margarete Westermeier

5 Arbeitsheft
für Lernende mit erhöhtem Förderbedarf
im inklusiven Unterricht

Zu diesem Buch gibt es ein passendes **Schülerbuch** (ISBN 978-3-06-062087-6).

Redaktion: Jana Görbing, Berlin
Illustrationen: Cleo-Petra Kurze, Berlin: S. 64, 67, 85, 88, 89.
Christa Unzner, Berlin: S. 18, 20, 34, 35, 39–41, 44–47, 54.
Umschlaggestaltung: werkstatt für gebrauchsgrafik, Berlin
Umschlagillustration: Dorina Tessmann, Berlin
Layout und technische Umsetzung: lernsatz.de

Textquellen: 6 Boyce, Frank Contrell: Der unvergessene Mantel. Aus dem Englischen von Salah Naoura. Hamburg: Carlsen Verlag, 2012, S. 10.* **13** Heinrich, Finn-Ole und Flygenring, Rán: 1. Kapitel: Es war einmal. Aus: Heinrich, Finn-Ole und Flygenring, Rán: Die erstaunlichen Abenteuer der (einzigartigen, ungewöhnlich spektakulären, grenzenlos mirakulösen) Maulina Schmitt: Mein kaputtes Königreich. München, Hanser, 2016, U4, S. 6–8.* **16** Heinrich, Finn-Ole und Flygenring, Rán: 7. Kapitel: Paul klopft an. Aus: Heinrich, Finn-Ole: Die erstaunlichen Abenteuer der Maulina Schmitt: Mein kaputtes Königreich. Illustriert von Rán Flygenring. München: Hanser, 2016, S. 50–56.* **18** Michaelis, Antonia: Wind und der geheime Sommer. Hamburg: Verlag Friedrich Oetinger, 2018, S. 84–85.* **21** Die kluge Katze: Zusammengestellt nach: https://www.amazon.de/kluge-Katze-sch%C3%B6nsten-Tierm%C3%A4rchen-aller/dp/3219112307 [01.04.19]. **23** Schafe. Aus: Von Anton bis Zylinder: Das Lexikon für Kinder. Bearbeitet und erweitert von Caroline Kazianka und Claudia Welker. Weinheim, Basel: Beltz, Der KinderbuchVerlag, 2018, S. 383. **24** Spitzmaulnashorn. Online im Internet: https://www.geo.de/ geolino/tierlexikon/2076-rtkl-tierlexikon-spitzmaulnashorn [13.06.18].* **26** Szymanski, Dorothea: Fledermäuse … Aus: Szymanski, Dorothea: Tiere im Winter. Online im Internet: https://www.geo.de/geolino/natur-und-umwelt/9322-rtkl-tiere-im-winter [22.03.19].* **35, 36** Äsop: Die Ameise und die Taube. Aus: Sämtliche Fabeln der Antike. Aus dem Griechischen und Lateinischen übersetzt und herausgegeben von Johannes Irmscher. Köln: Anaconda, 2011, S. 93.* **37** Hillmann, Anika: Der Seeadler … Online im Internet: https://www.geo.de/geolino/tierlexikon/1721-rtkl-tierlexikon-seeadler [22.03.19].* **39–42** Brüder Grimm: Der Bauer und der Teufel. Aus: Kinder- und Hausmärchen der Brüder Grimm. Weinheim, Basel: Der KinderbuchVerlag in der Verlagsgruppe Beltz: 2000/2003, S. 440–441.* **44** Hacks, Peter: Es fiel ein Schnee. Aus: Hacks, Peter: Der Flohmarkt. Gedichte für Kinder. Berlin: Eulenspiegel Kinderbuchverlag, 2016, S. 13. **45** Bydlinski, Georg: Garten. Aus: Gelberg, Hans-Joachim (Hrsg.): Überall und neben dir: Gedichte für Kinder in sieben Abteilungen. Weinheim und Basel: Beltz & Gelberg, 1986, 2001, S. 32. **46** Heine, Heinrich: Leise zieht durch mein Gemüt. Aus: Harenski, Rita (Hrsg.): Zauberwort: Die schönsten Gedichte für Kinder aus vier Jahrhunderten. Würzburg: Arena Verlag, 2004, S. 60. **47** Thiele, Marianne: Wie die St.-Georgs-Kapelle zu ihrem Namen kam. Online im Internet: Thiele, Marianne: Die wütende Drachenmutter von Neubrandenburg. http://www.marianne-thiele.de/index.php?option= com_content&view=article&id=615:june-2018&catid=4:aktuelle-kurzgeschichte&Itemid=4 [17.12.2018].*

Bildquellen: 4 dpa Picture-Alliance /Geisler-Fotopress **5** dpa Picture-Alliance/imageBROKER **6** Buchcover: Frank Cottrell Boyce: Der unvergessene Mantel. Aus dem Englischen von Salah Naoura. Hamburg: Carlsen Verlag, 2012 **13 + 16** Buchcover + Illustration: Finn-Ole Heinrich/Rán Flygenring: Die erstaunlichen Abenteuer der Maulina Schmitt – Mein kaputtes Königreich. Carl Hanser Verlag GmbH & Co.KG München 2013. Mit freundlicher Genehmigung von Hanser **19** Buchcover: Antonia Michaelis: Wind und der geheime Sommer. Mit Bildern von Claudia Carls. Hamburg: Verlag Friedrich Oetinger, 2018 **21 li.** Buchcover: Barbara Senckel (Hrsg.): Als die Tiere in den Wald zogen. Starke Märchen für starke Kinder. Mit Bildern von Rotraut Susanne Berner © Verlag C.H.Beck oHG, München 2019 **21 re.** Buchcover: Alexander Gruber (Hrsg.): Tiermärchen vieler Völker. Band 4. Tiermärchen aus Russland. Bielefeld: Pendragon, 2017 **22** Shutterstock.com/Yurchyks **23** Buchcover: Caroline Kazianka/Claudia Welker-Sebald: Von Anton bis Zylinder. Das Lexikon für Kinder. Weinheim: Der KinderbuchVerlag im Verlag Beltz, 2018 **24** stock.adobe.com/Andreas Edelmann **26** stock.adobe.com/Andreas Edelmann **29** stock.adobe.com/aussieanouk **32** stock.adobe.com/purplequeue/pfluegler photo **33** Shutterstock.com/Africa Studio **38** stock.adobe.com/Uryadnikov Sergey **48** mauritius images/Torsten Krüger **51** Shutterstock.com/SasaStock **53 + 55** Lizano, Marc und Ulf K.: Neue Geschichten von Vater und Sohn. Band 1. Panini 2015 **56** Touché by © Tom **59 li.** Shutterstock.com/GrooveZ **59 re.** mauritius images/ alamy stock photo/GOODLUZ **63 oben li.** stock.adobe.com/otsphoto **63 unten li.** (Hund) Shutterstock.com/alexei_tm **63 unten mi.** (Pferd) Shutterstock.com/Irina Maksimova **63 unten re.** (Elefant) Shutterstock.com/Four Oaks **71** stock.adobe.com/rufeh **72** Shutterstock.com/mathom **92** Shutterstock.com/Stephaniellen

www.cornelsen.de

Allgemeiner Hinweis zu den in diesem Lehrwerk abgebildeten Personen: Soweit in diesem Lehrwerk Personen fotografisch abgebildet sind und ihnen von der Redaktion fiktive Namen, Berufe, Dialoge und Ähnliches zugeordnet oder diese Personen in bestimmte Kontexte gesetzt werden, dienen diese Zuordnungen und Darstellungen ausschließlich der Veranschaulichung und dem besseren Verständnis des Inhalts.

Die Webseiten Dritter, deren Internetadressen in diesem Lehrwerk angegeben sind, wurden vor Drucklegung sorgfältig geprüft.
Der Verlag übernimmt keine Gewähr für die Aktualität und den Inhalt dieser Seiten oder solcher, die mit ihnen verlinkt sind.

Dieses Werk berücksichtigt die Regeln der reformierten Rechtschreibung und Zeichensetzung.
Bei den mit ℝ gekennzeichneten Texten haben die Rechteinhaber einer Anpassung widersprochen.
Die mit * gekennzeichneten Texte wurden aus didaktischen Gründen gekürzt und/oder verändert.

1. Auflage, 1. Druck 2020

Alle Drucke dieser Auflage sind inhaltlich unverändert und können im Unterricht nebeneinander verwendet werden.

© 2020 Cornelsen Verlag GmbH, Berlin

Druck: H. Heenemann, Berlin

ISBN 978-3-06-063324-1

PEFC zertifiziert
Dieses Produkt stammt aus nachhaltig
bewirtschafteten Wäldern und kontrollierten
Quellen.
www.pefc.de
PEFC/04-31-1156

Inhalt

Was weißt du noch aus Klasse 4?

 1 Lies den Text über den besonderen Kalendertag.

Malala-Tag

1 Pakistan: Land in Südasien

1 Malala Yousafzai wird am 12. Juli 1997 in Pakistan[1]
2 geboren. Sie setzt sich schon mit 12 Jahren dafür ein,
3 dass Mädchen zur Schule gehen können.
4 An ihrem 16. Geburtstag, am 12. Juli 2013, hält sie
5 eine große Rede auf der Jugendversammlung der
6 Vereinten Nationen[2].
7 Sie sagt: „Ein Kind, ein Lehrer, ein Buch und ein Stift
8 können die Welt verändern."
9 Jedes Kind soll in die Schule gehen können.
10 Es soll in Frieden schreiben, rechnen und lesen lernen.
11 Die UNO bestimmt den 12. Juli als „Malala-Tag".
12 Im Jahr 2013 wird dieser Tag eingeführt.
13 Am „Malala-Tag" wird überall auf der Welt gemalt,
14 gesungen und getanzt.
15 Mit 17 Jahren erhält Malala den Friedensnobelpreis[3].

2 Vereinte Nationen: auch UNO genannt, Vereinigung verschiedener Nationen, die sich für den Frieden einsetzen

3 der Friedensnobelpreis: wichtigster internationaler Friedenspreis

 2 Beantworte die Fragen.
Schreibe Stichpunkte auf die Linien.

Wie heißt der Kalendertag? _____

An welchem Tag findet er statt? _____

In welchem Jahr wurde er eingeführt? _____

Wer bestimmte diesen Tag? _____

Tipp
Lies Zeile 11.

3 Beantworte die Fragen.
Suche die passenden Verben aus dem Text.
Schreibe sie auf die Linien.

a Was soll jedes Kind lernen?

b Was wird am „Malala-Tag" gemacht?

4 Lies den Text über einen weiteren besonderen Kalendertag.

World Letter Writing Day[1]

1 Am 1. September wird der „Welttag des Briefeschreibens"
2 gefeiert.
3 Richard Simpkin hat diesen Welttag 2014 ins Leben gerufen.
4 Er ist Fotograf, Autor[2] und Künstler.
5 Simpkin ist ein großer Fan von handgeschriebenen Briefen.
6 Auch ihr könnt mitmachen.
7 Jeder von euch kann an diesem Tag einen Brief mit der Hand
8 schreiben.

[1] **World Letter Writing Day:** Welttag des Briefeschreibens

[2] **der Autor:** jemand, der zum Beispiel Bücher schreibt

5 Beantworte die Fragen.
Schreibe Stichpunkte auf die Linien.

Wie heißt der Kalendertag? _____

An welchem Tag findet er statt? _____

In welchem Jahr wurde er eingeführt? _____

Wer bestimmte diesen Tag? _____

Was wird an diesem Tag gemacht? _____

_____

6 Lies den Text.

1 Am 11. August ist der Aktionstag „Spiel-im-Sand-Tag".
2 Viele Sandkünstler treffen sich am Ostseestrand.
3 Sie schaffen echte Kunstwerke aus Sand, zum Beispiel
4 Tiergruppen, Märchenfiguren und sogar berühmte
5 Schlossgebäude. Erwachsene erinnern sich dann an
6 ihre Kinderzeit.

7 Suche alle acht zusammengesetzten Nomen.
Markiere sie.

Miteinander sprechen

Sich und andere vorstellen

 1 Lies den Textauszug aus dem Buch **Der unvergessene Mantel**.

Frank Contrell Boyce
Der unvergessene Mantel

1 […] Die beiden Jungs marschierten zielstrebig nach hinten.
2 Der Kleine machte es sich auf dem Platz gemütlich,
3 der sonst eigentlich meiner war. […]
4 „Ich möchte, dass ihr gemeinsam mit mir ein neues Gesicht
5 in der Klasse begrüßt", sagte Mrs[1] Spendlove. „Ein fröhliches
6 neues Gesicht hoffentlich. Darf ich vorstellen: Dschingis." […]
7 „Und der andere, Miss[2]? Wie heißt der?", fragte ich[3].
8 „Oh Dschingis, dein kleine Bruder ist leider nicht in dieser
9 Klasse. Er ist bei Miss Hoyle, ein Stück weiter den Flur runter."
10 „Nein", sagte Dschingis. „Mein kleiner Bruder ist hier in
11 dieser Klasse. Sehen Sie, er sitzt doch neben mir."
12 Alle lachten. […]*

[1] **Mrs:** englische Anrede für „Frau"

[2] **Miss:** englische Anrede für „Fräulein" (junge, unverheiratete Frau)

[3] **ich:** ist hier die Ich-Erzählerin

2 Warum lachen die Kinder?
Schreibe einen Satz auf.

Tipp
Lies die Zeilen 10–11.

3 Wie stellt die Lehrerin den neuen Schüler vor?
Markiere im Text.

4 Stelle deine Mitschülerin oder deinen Mitschüler vor.

a Frage nach dem Namen, dem Alter, dem Wohnort, dem Lieblingsessen.

b Schreibe die Antworten auf.

Meine Mitschülerin / Mein Mitschüler heißt _____.

Sie/Er ist _____.

Sie/Er wohnt _____.

Sie/Er isst gerne _____.

Bitten und Fragen formulieren

> Es gibt **formelle** Bitten und Nachfragen.
> Beispiele: Entschuldigen Sie bitte, …
> Können Sie …?
> Es gibt **familiäre** oder **freundschaftliche** Bitten und Nachfragen.
> Beispiele: Kannst du mir …?
> Darf ich …?

1 Welche Bitte oder Nachfrage passt zu welcher Situation?
Verbinde die **Situation** mit der richtigen **Bitte oder Nachfrage**.

Situation

1 die Lehrerin / den Lehrer um Wiederholung der Aufgabe bitten

2 eine Mitschülerin nach dem Rechenweg fragen

3 die Mitspieler um einen Platz in der Mannschaft bitten

4 einen Passanten nach dem Weg fragen

5 die Eltern um Spielzeit bitten

Bitte oder Nachfrage

A Darf ich als Torwart bei euch mitspielen?

B Entschuldigen Sie, würden Sie mir bitte sagen, wie ich zur Fontanestraße komme?

C Darf ich noch ein bisschen draußen bleiben?

D Ich weiß nicht, was wir machen sollen. Können Sie die Aufgabe bitte noch mal erklären?

E Kannst du mir kurz erklären, wie ich hier rechnen muss?

2 Was für **Bitten und Nachfragen** sind das?
Wähle aus der Randspalte aus.
Schreibe auf die Linien.

formelle Bitte/Nachfrage

familiäre oder freundschaftliche Bitte/Nachfrage

A _____

B _____

C _____

D _____

E _____

Gespräche führen – eine Meinung vertreten

Wünsche und Meinungen äußern

1 Welchen Wunsch hast du für das neue Schuljahr?
Kreuze an.

☐ Ich wünsche mir für die Klasse eine Leseecke.

☐ Ich wünsche mir für die Klasse Pflanzen.

2 Begründe deinen Wunsch.
Wähle passende Formulierungen aus dem Kasten.
Schreibe auf die Linien.

> … Pflanzen / … eine Leseecke
> … ich gerne lese / … ich es gerne grün habe
> … wir Pflanzen anschaffen / … wir eine Leseecke einrichten
> … alle lesen können / … es schöner aussieht
> … ist eine Leseecke sinnvoll / … sind Pflanzen sinnvoll
> … dann kann jeder sich ein Buch aussuchen / … sie verbessern die Luft

Ich wünsche mir _____ ,

weil _____ .

Ich schlage vor, dass _____ ,

damit _____ .

Meiner Meinung nach _____ ,

denn _____ .

3 Stell dir vor, du wünschst dir für das neue Schuljahr eine Koch-AG.
Begründe deine Meinung.

_____

_____

_____

_____

Standpunkte austauschen – mit anderen diskutieren

1 Die Klasse 5 b plant einen Klassenausflug.

a Lies die Vorschläge der Schülerinnen und Schüler.

Emma: Ich würde es gut finden, wenn wir einen Klassenausflug nach Berlin machen. Dort könnten wir uns die wichtigsten Sehenswürdigkeiten anschauen.

Linh: Vielleicht können wir unseren Ausflug in den Zoo machen, das hat doch fast allen von uns im letzten Jahr gefallen.

Anna: Ich habe eine Idee. Ich kenne einen See, wo wir als Klasse surfen lernen können.

Lara: Dein Vorschlag klingt gut. Aber das ist bestimmt viel zu teuer!

Tan: Ich finde den Vorschlag von Emma gut. Ich würde unbedingt eine Fahrt auf den Fernsehturm vorschlagen. Da können wir viel von der Stadt sehen.

b Die Schülerinnen und Schüler haben unterschiedliche Meinungen.
Prüfe die Meinungen. Beantworte die Fragen.
Schreibe in ganzen Sätzen.

1 Welche Idee hat Anna?

2 Was schlägt Linh vor?

3 Was schlägt Emma vor? Welche Idee hat sie?

4 Auf welchen Vorschlag antwortet Lara?

5 Wie findet Tan die Idee von Emma?

Mitteilungen verfassen – an andere schreiben

Kurznachrichten schreiben

Folgende Fragen helfen dir beim Schreiben einer Kurznachricht:
1. **An wen** geht die Nachricht?
Beispiele: Mutter, Lehrer
2. Aus welchem **Anlass** schreibst du?
Beispiele: Du hast eine Frage. Du hast ein Problem.
3. Welches **Ziel** hast du?
Beispiele: Du möchtest, dass deine Frage beantwortet wird.
Du möchtest, dass dein Problem gelöst wird.

1 Dein Bus steht im Stau. Du kommst zu spät.
Schreibe eine Kurznachricht.
Wähle passende Formulierungen aus dem Kasten aus.

Liebe …, / Lieber …, / Sehr geehrte Frau …, / Sehr geehrter Herr …, / Hallo …, / Hey …,
leider … / es ist mir nicht möglich, … / komme … / kann nicht … / der Bus … /
hiermit möchte ich mich … / nicht pünktlich … / Ist es möglich, …? / Kann ich …? /
LG / Bis dann / Viele Grüße / Bis später / Gruß

a Schreibe an deine Freundin oder deinen Freund.

b Schreibe an deine Trainerin oder deinen Trainer.

c Schreibe an die Zahnärztin oder den Zahnarzt. Frage nach einem neuen Termin.

Karten und Briefe schreiben

1 Ergänze die fehlenden Angaben auf der Karte.

a Lies die Postkarte.

Hallo, Sandra,
viele Grüße aus dem
Berliner Tierpark.
Zugfahrt war ok,
Jugendherberge auch.
Wetter ist prima.
Hab das Elefantenbaby
gesehen: Sooo niedlich!
Schade, dass du krank bist.
Bis bald, Jule

b Schreibe die Adresse auf die Karte.

   1 Vorname und Nachname
   2 Straße und Hausnummer
   3 Postleitzahl und Ort

12345
Musterstadt
Sandra Werner
Bergstraße
14

2 Du bist auf Klassenfahrt in Berlin.
Schreibe eine Postkarte.

a Überlege zuerst: **An wen möchtest du schreiben?**
Beispiele: Mutter, Vater, Oma, Opa, Freundin, Freund
Was möchtest du schreiben? Wie ist das Wetter?
Was hast du schon gesehen? Was gibt es zu essen?

b Ergänze die Adresse auf der rechten Seite der Postkarte.

Tipp
Du kannst dir
auch eine Adresse
ausdenken.

Ein Brief ist ein längeres Schreiben.
Wie du den Brief formulierst, hängt davon ab,
an wen, **warum** und **worüber** du schreibst.

3 Eine Mitschülerin / Ein Mitschüler ist schon lange krank.
Schreibe einen Brief.
Nutze die Hilfen.

Hilfe für den Einleitungssatz:
Frage deine Mitschülerin / deinen Mitschüler, wie es ihr/ihm geht.
Hilfe für den Brieftext:
Was ist in der Klasse passiert? Du kannst zum Beispiel
über Ausflüge, neue Schülerinnen oder Schüler, ein Schulfest,
Unterrichtsthemen oder Klassenarbeiten schreiben.

der Ort, das Datum

die Anrede

der Einleitungssatz
(der Grund des Schreibens)

der Brieftext

die Grußformel

der Name

Kinderbücher hören und lesen

Kinderbuchfiguren kennen lernen

1 Sieh dir das Cover des Kinderbuches an.
Wie heißt die Kinderbuchfigur?

_____

2 Lies den Text aus dem Kinderbuch.

**Paulina Schmitt möchte mit ihrer Mutter zurück
in ihr geliebtes Königreich „Mauldawien".
Sie lässt sich nicht so einfach rauswerfen.
Paulina wird von allen „Maulina" genannt
und das hat seine Gründe.***

1 Es war einmal, da hatten wir noch alles. [...]
2 Wir hatten vier Zimmer und meins war das größte, weil ich
3 die Kleinste war. [...]
4 Unter jedem Tisch lagen geheime Gemälde von einer jungen
5 Künstlerin (ICH!), die eines Tages damit berühmt werden würde.
6 Wir hatten bunte Höhlenmalereien an den Tapeten von
7 einem kleinen Mädchen (ICH!). [...]
8 Wir hatten alle drei Locken, ich sogar rote. [...]
9 Wir hatten tausend Namen für mich und „Maulina" hat
10 das Rennen gemacht, weil ich Paulina heiße und es sich reimt
11 und weil ich das Maulen[1] zu Kunst erhoben habe. [...]
12 Wir hatten Gymnastikaufführungen einer berühmten Gymnastin
13 (ICH!) auf dem großen blau-weißen Sofa. [...]
14 Und wir hatten einen Innenhof mit einem Gärtner (ICH!) und
15 einem Chef (ICH!) und einem Zirkusdirektor (ICH!) und
16 manchmal Besuch in meinem Garten. [...]
17 Wir hatten ein Beet[2] [...] und eine Höhle, eine Maulhöhle,
18 um genau zu sein. Zuerst war es nur eine Grube. Dann wurde
19 die Grube ein Loch und dann bekam das Loch einen Tunnel und
20 wurde abgestützt und dann buddelte der Maulhöhlenmeister
21 (ICH!) in tagelanger Schwerstarbeit ein Zimmer ans Ende
22 des Tunnels, in das man (ICH!) sich mummeln[3] konnte wie
23 ein Maulwurfkleines in seine Maulwurfshöhle. [...]
24 Das alles hatten wir [...] in diesem Reich, meinem Reich,
25 genannt Mauldawien, und ich bin die Prinzessin von
26 Mauldawien und auch der Maulsident. [...]*

[1] **das Maulen:**
meckern, schimpfen

[2] **das Beet:**
die Gartenfläche

[3] **sich mummeln:**
sich einkuscheln

3 Was hast du über Maulina erfahren?
Beantworte die Fragen.

a Was konnte Maulina besonders gut?
Schreibe auf.

Tipp
Lies noch einmal
die Textauszüge
auf der Seite 13.

Tipp
Lies die Zeilen
mit (ICH!)
Maulina war …
Maulina konnte …

b Wie sahen Maulinas Haare aus?
Beschreibe.

c Wie kam Maulina zu ihrem Spitznamen?
Markiere die Textstelle.

d Maulinas Sprache ist besonders.
Sie hat einige Wörter mit „Maul-" erfunden.
Schreibe diese Wörter heraus.

Tipp
Es sind sechs
Wörter.

Kinderbuchseiten vorstellen

1 Erstelle einen Steckbrief zum Kinderbuch
Die erstaunlichen Abenteuer der Maulina Schmitt.

a Sieh dir das Cover auf der Seite 13 noch einmal an.

b Schreibe auf die Linien.

Autor[1] und Illustratorin[2]:

[1] **der Autor:** der Schreiber

[2] **die Illustratorin:** die Zeichnerin

Titel:

Informationen zum Inhalt aus dem Vorspann:

Tipp
Was musste
Maulina erleben?

Wichtigste Figur:

Besonderheiten des Buches (warum ausgewählt):

Tipp
Sieh dir den
Buchdeckel noch
mal genau an.
Was findest du
besonders
interessant?

2 Das Vorlesen ist eine gute Möglichkeit, Interesse
für ein Buch zu wecken.
Lies die Zeilen 17–26. Betone besonders die Maul-Wörter.

3 Was bedeutet **Maulsident**?
Kreuze an.

☐ Bewohner von Mauldawien

☐ Präsident von Mauldawien

☐ König von Mauldawien

☐ Dienerin von Mauldawien

Erzählen – für mich und dich

Aus anderen Perspektiven erzählen

Im Textauszug nach dem Kinderbuch über Maulina Schmitt erzählt Paulina, wie Paul zum ersten Mal bei ihr klingelt.

 1 Lies den Text.

1 [...] Und plötzlich klingelt es in Plastikhausen an der Tür.
2 Mama hat die Kaffeetasse am Mund und verschluckt sich.
3 Ich höre auf zu kauen.
4 Mama und ich gucken uns an.
5 „Wer ist das?", fragt Mama und ich zucke die Schultern.
6 Mama [...] steht auf, verknotet sich dabei merkwürdig die Beine,
7 stolpert und fliegt fast hin.
8 „Mistverdammter!", flucht sie, kann sich aber noch fangen,
9 poltert aus der Küche und geht zur Tür.
10 Ich warte und höre die Tür und ein ruhiges, unsicheres Brummen,
11 eine junge Stimme, dann meine Mutter, fröhlich glucksend. [...]
12 Sie ruft mich.
13 Vor der Tür steht der lange Lulatsch aus der ersten Reihe. [...]

14 Er guckt auf den Boden, während er mit mir redet.
15 „Hallo", sagt er, „ich bin Paul."
16 „Is das ein Witz", sage ich.
17 „Was?"
18 „Dass du Paul heißt."
19 „Wieso?"
20 „Na, weil ich Paulina heiße." [...]
21 „Öhm", sagt er, „äh, mhhh, joaar, also."
22 „Spucks aus", sage ich, „ich habe nicht ewig Zeit."
23 „Naja", sagt Paul, „ich wohn 'ne Straße weiter ... ich dachte,
24 du bist ja neu hier und ich dachte ... ich dachte, ich hole dich ab und
25 wir gehen zusammen zur Schule, vielleicht." [...]
26 Ich zucke die Schultern. „Okay, Moment."
27 Paul sagt: „Okay, klar!"
28 Ich drehe mich um und hole meinen Rucksack. [...]
29 Wir laufen nebeneinanderher und keiner sagt ein Wort.
30 Das finde ich schon mal gut, dass er jetzt nicht aufgeregt rumquatscht. [...]
31 Und plötzlich bin ich es, die sagt: „Du bist nicht so der große Redner, was?"
32 Paul guckt mich an, kurz und unsicher, dann noch mal und
33 mit einem kleinen Lächeln. [...]
34 „Nö", sagt er, „glaub nich." [...]*

🖊 **2** Wie könnte Paul das erste Treffen mit Paulina erlebt haben?
Beantworte die Fragen in der **Ich-Form**.
Nutze die Hilfen am Rand.

1 Was macht Paul nach dem Aufstehen?

Ich _____

_____ .

dusche, esse alleine

2 Woran denkt er beim Frühstück?

Da habe ich eine Idee. _____

_____ .

Paulina, gemeinsam zur Schule gehen

3 Was hört Paul, als er bei Paulina an der Haustür klingelt?

Ich klingle an der Haustür in Plastikhausen. Ich höre jemanden

_____ .

Lies die Zeilen 8–9.

4 Paul wartet, dass die Tür geöffnet wird.
   Wie fühlt er sich dabei?

Ich bin _____

_____ .

aufgeregt, unsicher, nervös

5 Die Mutter öffnet die Tür. Sie ruft Paulina.
   Was sagt Paul?

„Hallo, ich _____

_____ ."

Lies die Zeile 15.

6 Paulina fragt, ob das ein Witz ist.
   Wie reagiert Paul darauf?

Ich _____

_____ .

verstehe nicht, frage nach

7 Paul und Paulina gehen zusammen zur Schule.
   Wie geht es Paul dabei?

glücklich, froh

_____ .

Fantasiegeschichten erzählen

In **Fantasiegeschichten** wird von zauberhaften und unwirklichen
Ereignissen, Figuren oder Dingen erzählt.
Man braucht viel Fantasie und besondere Ideen, um von
Fantasiewesen und **Fantasiewelten** zu erzählen.

**Im Kinderbuch „Wind und der geheime Sommer" geht es um
John-Marlon, das Mädchen Wind und jede Menge Fantasie.**

 1 Lies den Text aus dem Kinderbuch.

Antonia Michaelis
Wind und der geheime Sommer

4. Cocos nucifera: Kokospalme

1 „Das ist eine wunderbare Geschichte", sagte John-Marlons Mutter.
2 „Und so was denkst du dir einfach aus?"
3 „Ja, ja", sagte John-Marlon. „Ich sitze auf unserem Balkon und denke
4 und denke, und dabei erlebe ich die wildesten Abenteuer. […]"
5 „Ich frage mich, ob die Kinder irgendwann rausfinden, was nach
6 sechs Uhr in diesem Dschungel passiert", murmelte John-Marlon.
7 „Oder wie das Mädchen Wind da überhaupt hingekommen ist."
8 „Wenn es eine Geschichte in einem Buch wäre", meinte John-Marlons
9 Mutter, „dann wäre sie vielleicht aus einer Blüte gewachsen.
10 Sie wäre eine Fee, und abends würde sie sich zurückverwandeln." […]*

 2 Beantworte die folgenden Fragen zum Text.
Schreibe die Antworten auf die Linien.

1 Was macht John-Marlon gerne?

_____

2 Wie findet seine Mutter das, was er macht?

_____

3 Schreibe den Anfang der Feen-Geschichte.

🖉 **a** Schreibe die Einleitung.

Es gab einmal ein _____,

das hieß _____.

Und es gab viele _____.

Feen, Tiger, Löwen, Zauberer

Es war im _____, als die Kinder

Sommer, Winter, August

den _____ entdeckten.

🖉 **b** Schreibe die Geschichte weiter.
Du kannst Wörter aus dem Wortkasten verwenden.

Tipp
Sieh dir das Buchcover an.

Bäume / Pflanzen / Mauerreste / Mädchen / seltsam / anders /
klein / wie eine Fee / zart / Wesen / Tiere / Vögel / flatterten /
flogen / krochen / huschten / den Dschungel / das Dickicht /
die Wildnis / das Haus / das Schloss / Schuppen / Angst /
keine Angst / Furcht / neugierig / aufgeregt

Überall sahen sie _____.

Dann sahen sie das _____.

Es sah _____ aus.

Sie nahm uns mit – immer tiefer in den Garten.

Unheimliche _____

durch _____.

Plötzlich kamen wir zu einem _____.

Wir hatten _____

und waren _____.

Erlebnisse erzählen

 1 Lies die Erzählung von Nadja.

Ganz schön in die Brennnesseln gesetzt

1 Nie wieder! Nie wieder Waldtag mit den Kindergartenkindern!
2 Kurz vor den Ferien trafen wir uns vor dem Kindergarten.
3 Mit dem Bus fuhren wir zum Wald am Ortsrand.
4 Alles begann gut: Zuerst fanden wir ein paar schöne Farnblätter.
5 Dann aber passierte etwas Unerwartetes.
6 Eigentlich hätte man fast darüber lachen können, aber es war doch zu
7 aufregend und ziemlich schmerzhaft. Zwei der Vierjährigen hatten
8 keine Lust mehr auf Pflanzensuche. Sie tobten herum und plötzlich
9 lagen beide in den Brennnesseln.
10 Natürlich fingen sie sofort an zu schreien und zu wimmern.
11 Das Geschrei lockte die anderen an.
12 Man glaubt es kaum, stolpert ein Mädchen und fällt doch tatsächlich
13 auch noch in die Brennnesseln! Als ob das nicht genug wäre,
14 kommt ihre Freundin und liegt, plumps, daneben.
15 Da blieb mir nichts anderes übrig, als selbst zuzupacken.
16 Aber hurra, hurra, jetzt hatte es mich erwischt. Beide Hände zwickten
17 und zwackten wie verrückt, nie zuvor hatte ich so ein Jucken und
18 Brennen gefühlt. Die Brennnesseln machten ihrem Namen
19 wirklich alle Ehre[1].

[1] **machten ihrem Namen wirklich alle Ehre:** heißen zu Recht Brennnesseln

2 Beantworte die Fragen.

a Welche der folgenden Adjektive passen zu der Geschichte?
Kreuze an.

☐ spannend   ☐ lustig   ☐ traurig

☐ gruselig   ☐ unterhaltsam ☐ witzig

b Welche Figuren sind in der Geschichte wichtig? Schreibe auf.

c In welcher Zeitform wird die Geschichte erzählt?
Schreibe auf.

Tipp
Gegenwart,
Vergangenheit
oder Zukunft

d Welche Wörter machen die Geschichte interessant?
Markiere farbig im Text.

e Welche Situationen sind lustig?
Markiere mit einer anderen Farbe.

Informationen sammeln – da und dort

Informationen in Bibliotheken suchen

Um in einer Bibliothek nach bestimmten Büchern zu suchen,
kann man den **Online-Katalog** im Internet nutzen.
Zur Suche gibt man:
- die Namen von **Autorinnen/Autoren** (Beispiel: Brüder Grimm) oder
- einen bestimmten **Buchtitel** (Beispiel: Tiermärchen aus aller Welt)
  in die Suchmaske ein.

1 Wo kannst du Tiermärchen finden?
Tausche dich mit einer Partnerin oder einem Partner aus.

 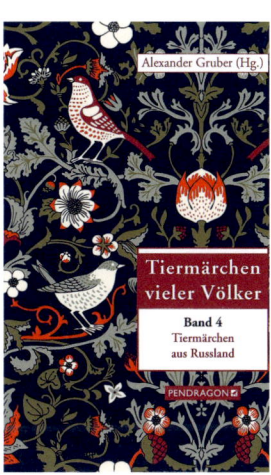

2 In einem Online-Katalog kannst du Bücher finden.

a Sieh dir das Suchergebnis aus dem Online-Katalog an.

Die kluge Katze: Die schönsten Tiermärchen aus aller Welt /
neu erzählt von Heinz Janisch. Ill.[1] von Marion Goedelt. –
Wien [u. a.]: Betz[2], 2006. – 92 Seiten: zahlr. Ill.
ISBN 978-3-219-11230-6
Mär 212   Standort: Kinderbibliothek (Märchen)

[1] **Ill.:** Illustriert: Die Bilder wurden gezeichnet von …

[2] **Betz:** ein Verlag, dort werden Bücher gedruckt

b Schreibe die Angaben zu dem Buch heraus. Schreibe auf die Linien.

Titel: _____

Erscheinungsjahr: _____ ISBN: _____

Verlag: _____ Signatur[3]: _____

Autor: _____

[3] **die Signatur:** besteht aus Buchstaben und Zahlen

Informationen im Internet suchen

Das **Internet** ist ein **weltweites Netz** von miteinander verbundenen Computern. In diesem Netz, dem **World Wide Web** (**www**), findet man viele verschiedene Internetseiten mit Informationen zu fast allen Wissensgebieten.
Eine **Suchmaschine** erleichtert die Suche nach bestimmten Informationen.
Man muss passende **Suchwörter** eingeben und auf „Suchen" klicken.

1 Du willst nach Informationen über Hunde suchen.

a Wähle eine Suchmaschine für Kinder aus.
Kreuze an.

Suchmaschinen für Kinder:

☐ https://www.blinde-kuh.de

☐ https://www.fragfinn.de

☐ https://www.helles-koepfchen.de

b Was möchtest du wissen?
Überlege dir passende Suchwörter.
Oder wähle Suchwörter aus dem Kasten aus.
Schreibe auf die Linien.

> Hunde / Lebensweise von Tieren / Ernährung bei Hunden /
> Hunderassen / Aufzucht von Hunden / Haustiere / Hundeschule /
> Hundehaltung

Tipp
Das Suchfeld kann auch die Lupe sein.

c Schreibe das Suchwort oder die Suchwörter in das Suchfeld.

d Klicke auf „Suchen" oder drücke die Enter-Taste.

e Probiere mehrere Suchwörter aus.

f Bei welchem Suchwort hast du die meisten Informationen erhalten?
Schreibe auf.

Informationen im Lexikon nachschlagen

Ein **Lexikon** ist ein **Nachschlagewerk**.
Es werden **Begriffe** aus verschiedenen Wissensgebieten erklärt.
Es ist nach dem Alphabet geordnet.
Manchmal gibt es Verweise auf andere Wörter zu dem Thema.
Auch **Wörterbücher** gehören zu den **Lexika**[1], da sie
Informationen zu Wörtern geben und oft auch deren
Bedeutung erklären.

[1] **die Lexika:** Plural (Mehrzahl) von Lexikon

1 In einem Lexikon findest du interessante Informationen.

 a Lies den Lexikonartikel aus dem Kinderlexikon.

Schall

Schafe

Schafe sind →**Wiederkäuer** und →**Huftiere** mit einem
zottigen und wolligen Fell. Das männliche Tier nennt man
Bock oder Widder, das Jungtier Lamm. Schafe liefern dem
Menschen →**Milch**, →**Wolle**, Fleisch und die Haut als →**Leder**.
Die männlichen Tiere haben oft mächtige gedrehte Hörner.
Schafe leben in Herden zusammen. Auf unseren Wiesen
sieht man die Hausschafe. Es gibt aber auch wilde Schafe,
zum Beispiel das Dickhornschaf oder das Mufflon.

b Was erfährst du im Lexikonartikel über Schafe? Schreibe auf.

c Unter welchen Stichwörtern kannst du mehr über Schafe
nachschlagen? Schreibe auf.

Tipp
Im Text sind
mögliche
Stichwörter
mit einem
blauen Pfeil
gekennzeichnet.

2 Aus welchem Lexikon ist der Artikel?
Schreibe auf.

der Titel des Lexikons: _____

Tipp
Sieh dir das Cover
neben dem
Lexikonartikel an.

Sachtexte lesen – Interessantes entdecken

Inhalte von Sachtexten erfassen

> **Sachtexte** sind Texte, die **über ein Thema informieren**.
> Sie liefern **sachliche Informationen**.
> Oft kann man bereits aus der Überschrift auf den Textinhalt schließen.

 1 Lies den folgenden Sachtext.

Spitzmaulnashorn

1 Für Nashörner ein Problem: Oft werden Pulver und andere
2 „Heilmittel" aus dem Horn der seltenen Tiere hergestellt.

Allgemeines zum Spitzmaulnashorn

3 Das Spitzmaulnashorn ist eine von fünf Nashornarten.
4 Es trägt wie das Breitmaul- und das Sumatra-Nashorn
5 zwei Hörner.
6 Das Indische Panzernashorn und das Java-Nashorn
7 haben nur ein Horn.

Heimat

8 Spitzmaulnashörner lieben Savannen¹ und Buschland,
9 in denen ausreichend Bäume wachsen.
10 Heute gibt es die Tiere noch in Südafrika, Namibia,
11 Simbabwe, Kenia und in Tansania².

¹ die Savanne: Graslandschaft

Größe und Gewicht

12 Die Tiere werden bis zu 3,80 Meter lang und haben
13 eine Schulterhöhe von bis zu 1,70 Metern.
14 Ausgewachsen wiegen sie über 1 300 Kilogramm.
15 Das vordere Horn kann bis zu 1,30 Meter lang werden,
16 das hintere Horn bis zu 55 Zentimeter.

² Südafrika, Namibia, Simbabwe, Kenia und Tansania: Länder in Afrika

Nahrung

17 Spitzmaulnashörner sind Pflanzenfresser.
18 Sie ernähren sich von Blättern, Zweigen und Früchten.
19 Am liebsten mögen sie zum Beispiel Akazien³.

³ die Akazie: ein Laubbaum

Nachwuchs

20 Die Kühe bringen alle zwei bis vier Jahre ein Kalb
21 zur Welt. [...]*

2 Beantworte die Fragen zum Text.

a Wovon handelt der Text?

b Unter welcher Überschrift findest du Informationen
über die Ernährung?

c Wovon ernähren sich Spitzmaulnashörner?

d Wo leben Spitzmaulnashörner?
Schreibe die Länder auf.

e Wie viel wiegen Spitzmaulnashörner, wenn sie
ausgewachsen sind?

f Wie nennt man die weiblichen Spitzmaulnashörner?

Inhalte von Sachtexten wiedergeben

 1 Lies den Sachtext.

Überschrift: _____

1 **1** Fledermäuse, Murmeltiere und Igel sind Winterschläfer.
2 Und auch Siebenschläfer halten Winterschlaf.
3 Sie **fressen** sich **im Herbst** ein **dickes Fettpolster an**.
4 Davon leben sie den ganzen Winter.
5 Dann **fallen** sie in eine Art **Winterstarre**, in der sie sich
6 gar nicht bewegen.

7 **2** In der Zeit der Winterstarre **greifen** sie **auf** ihre
8 eigene **Vorratskammer zurück**. Das sind die Fettpolster
9 in ihrem Körper.
10 Doch auch damit müssen sie sparsam umgehen. [...]
11 Deshalb **senken** sie alle **ihre Körperfunktionen**[1] stark **ab**. [...]

1 die Körperfunktionen: zum Beispiel Herzschlag und Verdauung

12 **3** Die Tiere schlafen im Winter. Dadurch können sie
13 in der Kälte gut überleben. Wären sie aktiver,
14 würden sie auch mehr Fett verbrauchen.
15 Die Fettvorräte könnten nicht so lange halten.

16 **4** Winterschläfer verbringen oft nicht den ganzen Winter
17 durchgängig in dieser Starre. Manchmal **wechseln** sie auch
18 **den Schlafplatz**. Sie **wachen auf**, **um nicht zu erfrieren**.
19 Denn ihre Körpertemperatur ist sehr weit abgesunken.
20 Sie geben Urin und Kot[2] ab oder wärmen sich kurz auf.
21 Sie bewegen sich ein bisschen und bringen dadurch
22 ihre Fettverbrennung wieder in Bewegung.
23 Dann können sie ungestört weiterschlafen.*
(nach Dorothea Szymanski)

2 der Urin und der Kot: Ausscheidungen

 2 Welches Thema wird im Text behandelt?
Schreibe auf die Linie.

_____

_____

 3 Formuliere eine passende Überschrift.
Schreibe auf die Linie über dem Text.

4 Wie viele Abschnitte hat der Text?
Schreibe auf.

5 Jeder Abschnitt behandelt ein eigenes Teilthema.
Suche die Teilüberschriften. Die Fragen helfen dir.

a Was tun die Tiere im Herbst?
Schreibe auf.

b Wähle eine passende **Teilüberschrift für Abschnitt 1** aus.
Kreuze an.

☐ Die Tiere in der Winterstarre

☐ Die Tiere im Winter

☐ Die Vorbereitung auf den Winterschlaf

c Was essen die Tiere in der Winterstarre?
Schreibe auf.

d Wähle eine passende **Teilüberschrift für Abschnitt 2** aus.
Kreuze an.

☐ Die Bedeutung der eigenen Vorratskammer

☐ Die Verwendung der Vorräte

☐ Essbares im Winter

e Warum können die Tiere im Winter gut überleben?
Schreibe auf.

f Wähle eine passende **Teilüberschrift für Abschnitt 3** aus.
Kreuze an.

☐ Das Einteilen der Fettreserven

☐ Das anstrengende Leben im Winter

☐ Nichtstun im Winter

g Warum wechseln die Tiere manchmal den Schlafplatz?
Schreibe auf.

_____

_____

_____

Tipp
Überlege, was passiert, wenn die Tiere nicht aufwachen?

h Wähle eine passende **Teilüberschrift für Abschnitt 4** aus.
Kreuze an.

☐ Die Bedeutung der Fettverbrennung

☐ Der Sinn des Schlafplatzwechsels

☐ Das Aufwachen nach dem Winterschlaf

6 Welche Hauptinformationen liefert der Text?

a Schreibe die Einzelinformationen aus dem Text heraus.

_____

_____

_____

_____

_____

_____

_____

_____

Tipp
Die fett gedruckten Informationen im Text helfen dir.

b Worum geht es bei den Einzelinformationen?
Kreuze an.

☐ Der Ablauf des Winterschlafs

☐ Die Winterschläfer in Deutschland

☐ Die Körperfunktionen im Frühling

Präsentieren – Interessantes vorstellen

Vorträge über Tiere vorbereiten

> In einem **Vortrag** informiert man andere über ein bestimmtes Thema.
> Man **sammelt** und **ordnet** dazu Informationen, zum Beispiel auf Karteikarten.

1 Sieh dir das Foto an.

2 Lies den folgenden Steckbrief zu Berggorillas.

Berggorillas

1. die biologische Einordnung:	gehören zu der Familie der Menschenaffen
2. der Lebensraum:	Regen- und Bambuswälder in Zentralafrika, leben hauptsächlich am Boden
3. die Größe und das Gewicht:	gehören zu den größten Affen der Welt, Männchen können bis zu 2 Meter groß und 200 Kilogramm schwer werden, Weibchen sind viel kleiner
4. das Aussehen:	schwarzes Fell
5. das Alter:	können bis zu 35 Jahre alt werden
6. die Nahrung:	Pflanzen (z. B. Früchte, Blätter, Blüten, Baumrinde) und kleine Tiere (Insekten, Schnecken, Würmer), trinken wenig Wasser, weil sie das meiste Wasser über die Nahrung aufnehmen
7. die Lebensweise:	leben in Gruppen von 5 bis 20 Tieren, eine Gruppe besteht aus einem Männchen, mehreren Weibchen und den Jungtieren
8. die Fortpflanzung:	alle 4 Jahre wird ein Junges geboren
9. die Bedrohung:	durch Abholzung der Wälder, Wilderei, Tourismus

3 Bereite deinen Vortrag über Berggorillas vor.

a Schreibe auf alle Karteikarten die Oberbegriffe.

Tipp
Du brauchst neun
Karteikarten.

③ *die Größe und das Gewicht*

② *der Lebensraum*

① *die biologische Einordnung*

...

b Schreibe die wichtigsten Informationen zu den Oberbegriffen.

c Wähle eine passende **Einleitung** aus.

☐ Also, ich möchte etwas über Berggorillas erzählen und hoffe, dass ihr neugierig seid. Also, es geht los …

☐ Ich möchte euch heute in meinem Vortrag Berggorillas vorstellen. Zunächst möchte ich euch die Gliederung meines Vortrags nennen. …

Tipp
Denke bei der
Gliederung an
die Oberbegriffe.

d Formuliere die **Einleitung** zu Ende.
Schreibe auf eine Karteikarte.

die Einleitung

...

e Bedanke dich am **Schluss** für das Interesse der Zuhörer.
Wähle einen passenden Satzanfang aus.

☐ Ich möchte mich jetzt zum Abschluss …

☐ Mein Vortrag ist endlich zu Ende. Vielen …

f Formuliere den **Schluss** zu Ende. Schreibe auf eine Karteikarte.

der Schluss

...

Vorträge ansprechend präsentieren

Das **Halten des Vortrags** nennt man **Präsentation**.
Durch **Anschauungsmaterial** gestaltest du den Vortrag interessanter.
Beispiel: Du kannst auf einer Landkarte zeigen, wo die Tierart lebt.

1 Welches Anschauungsmaterial verwendest du?

a Kreuze an.

☐ den Atlas ☐ die Weltkarte ☐ die Bücher ☐ die Bilder

☐ die Plakate ☐ das Stofftier ☐ die Karten ☐ die Kopien

☐ den Computer ☐ die Folien ☐ die eigenen Bilder

b Sieh dir deine Karteikarten an.

c Welches Anschauungsmaterial verwendest du?
Schreibe es auf die Karten.

> ② *der Lebensraum*
> *Die Berggorillas leben ...*
> *Weltkarte*

2 Achtet beim Präsentieren auf eure Sprache.
Übt das Sprechen mithilfe
– der Karteikarten und
– der folgenden Hinweise.

> Du sollst dabei
> • möglichst **frei sprechen**,
> • **langsam**, **deutlich** und **betont sprechen**,
> • **kurze** und **einfache Sätze sagen** und
> • das **Publikum ansehen**.
> Mache nach jeder Karteikarte eine kleine Pause.

3 Beim Präsentieren ist auch die Körpersprache wichtig.
Setzt **Mimik** (den Gesichtsausdruck) und
Gestik (die Körperbewegung) ein.

> Sieh das Publikum an.
> Achte auf eine aufrechte Körperhaltung.
> Zeige das Anschauungsmaterial.

Beschreiben – dies und das

Tiere beschreiben

> Meist muss man beim **Beschreiben eines Tieres** allgemeine und besondere Merkmale anführen.
> **Allgemeine Merkmale** sind Merkmale, die gleiche Tierarten gemeinsam haben.
> Beispiel: Dackel sind kleine Hunde mit kurzen Beinen.
> **Besondere Merkmale** treffen nur auf einzelne Tiere zu.
> Beispiel: Mein Hund hat einen hellen Punkt auf dem Kopf.

 a Sieh dir den Dalmatiner an.

schmal / dick / Hängeohren /
Möhren / kurz / rund /
weiß mit schwarzen Flecken /
freundlich / kuschelt gerne

b Beschreibe den Dalmatiner.
Fülle die Mindmap[1] aus.
Nutze die Wörter aus dem Wortkasten.

[1] **die Mindmap:** übersichtliche Sammlung von Informationen

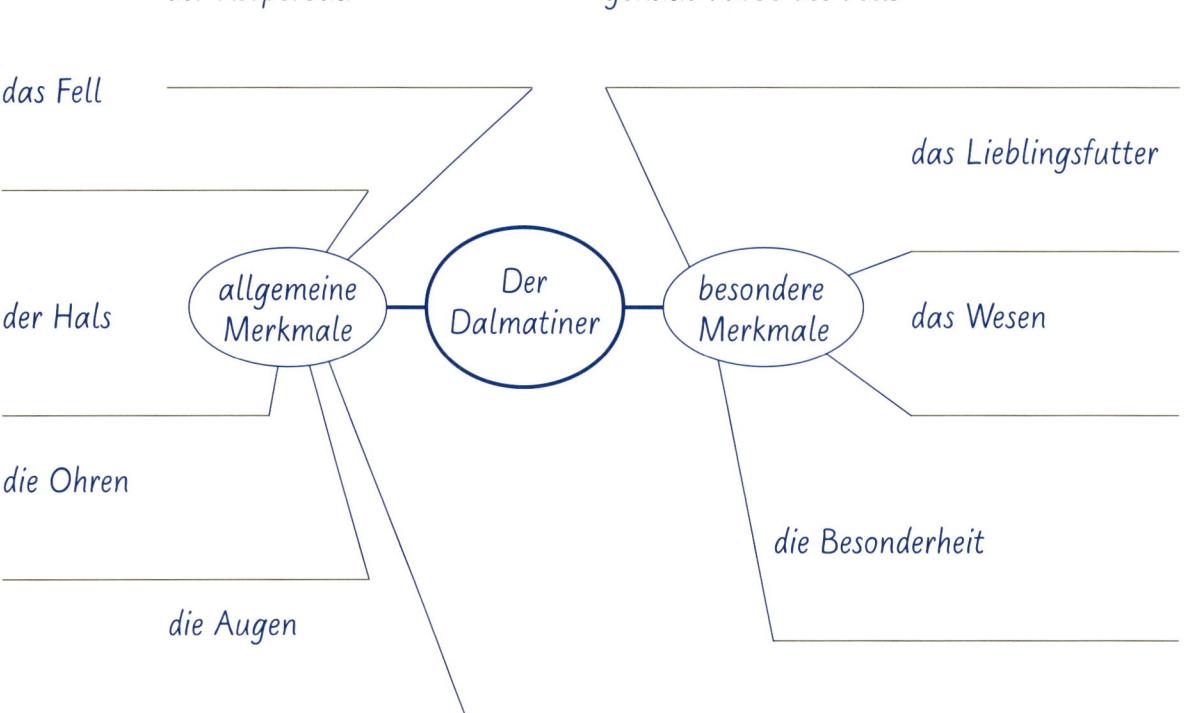

der Körperbau   genaue Farbe des Fells

das Fell

das Lieblingsfutter

der Hals   allgemeine Merkmale   Der Dalmatiner   besondere Merkmale   das Wesen

die Ohren

die Besonderheit

die Augen

Gegenstände beschreiben

Beim **Beschreiben eines Gegenstandes** führt man allgemeine und besondere Merkmale an. Dabei benutzt man meist Fachbegriffe.
Allgemeine Merkmale sind Merkmale, die Gegenstände einer Art gemeinsam haben.
Beispiel: Mein Fahrrad ist ein Mountainbike.
Besondere Merkmale treffen nur auf einzelne Gegenstände zu.
Beispiel: Mein Mountainbike hat einen gelben Rahmen.

1 Sieh dir das Foto genau an.

die Gitterstäbe / die Käfigtür /
der Futternapf / die Bodenschale /
der Schnabelwetzstein /
der Vogelsand / der Kletterring /
der eckige Käfig /
die farbige Bodenschale /
die Vogelstange aus Holz /
der Vogelkäfig mit Ständer

2 Beschreibe den Vogelkäfig.
Schreibe allgemeine und besondere Merkmale in die Tabelle.

allgemeine Merkmale	besondere Merkmale

Wege beschreiben

> Bei einer **Wegbeschreibung** muss man klare Angaben zu **Straßennamen,
> Richtungen** und **Entfernungen** in der richtigen Reihenfolge machen.

1 Sieh dir den Ausschnitt des Stadtplans an.

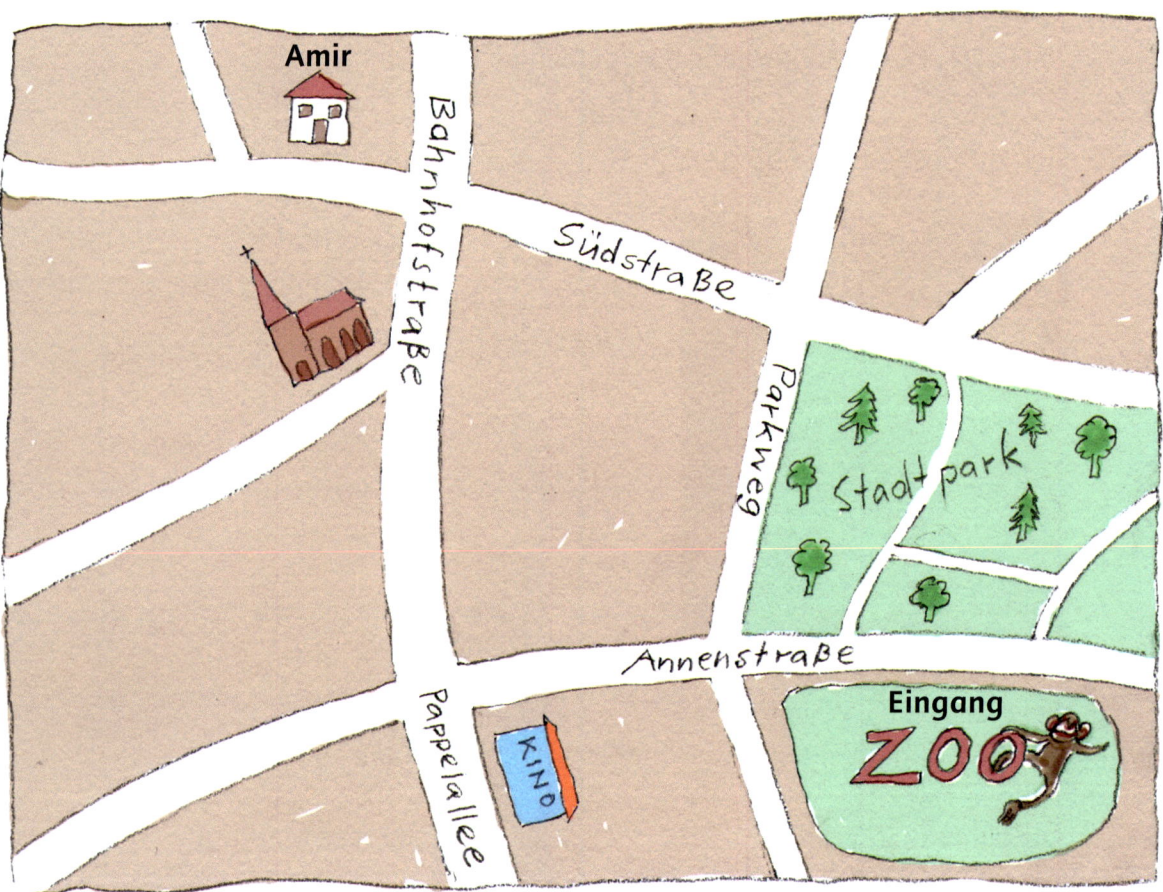

2 Ben und Amir wollen gemeinsam in den Zoo.
Amir geht von zu Hause los.

a Markiere Amirs Haus.

b Markiere den Eingang zum Zoo.

c Zeichne den Weg mit einem Stift.

1 Gehe von Amirs Haus bis zur Bahnhofstraße.

2 Gehe weiter bis zur Annenstraße.

3 Gehe die Annenstraße weiter bis zum Zooeingang.

Fabeln hören und lesen

Über Fabeln sprechen – Fabeln erschließen

> Die **Fabel** ist eine kurze Erzählung, in der:
> • Tiere denken, handeln und sprechen wie Menschen,
> • Tiere bestimmte menschliche Eigenschaften haben.
> Fabeln wollen dem Menschen etwas sagen.
> Sie **enthalten eine Lehre[1]**.

[1] **die Lehre:** eine belehrende Aussage

 **1** Sieh dir das Bild an.

2 Erfahre etwas über die Fabel **Die Ameise und die Taube**.

a Lies den **1. Abschnitt**.

Äsop (Dichter, der lange vor Jesus Christus lebte)
Die Ameise und die Taube

1 Die Ameise war zu einer Quelle[2] herabgestiegen.
2 Sie wollte dort ihren Durst stillen und drohte
3 dabei zu ertrinken.

[2] **die Quelle:** die Stelle, an der Wasser aus der Erde hervorkommt

b Welche Eigenschaften passen zur Ameise?
Kreuze an.

☐ fleißig   ☐ dumm   ☐ gierig   ☐ groß

☐ klein   ☐ stark   ☐ klug   ☐ schwach

Tipp
Vergleiche die Kraft einer Quelle und die Größe einer Ameise.

3

a   Lies den **2. Abschnitt**.

4 Da brach die Taube, die auf einem danebenstehenden Baume saß,
5 ein Blatt ab und warf es der Ameise zu.
6 Die Ameise kletterte darauf und wurde so gerettet.

b   Welche Eigenschaften passen zur Taube?
     Kreuze an.

☐ egoistisch   ☐ hilfsbereit   ☐ klug

☐ dumm   ☐ mitfühlend

4

a   Lies den **3. Abschnitt**.

7 Bald kam ein Vogelfänger an den Ort.
8 Er legte seine Leimruten[3] aus und versuchte,
9 die Taube einzufangen.
10 Doch die Ameise biss den Vogelfänger in den Fuß.
11 Dadurch brachte er seine Leimruten in Erschütterung.
12 Die Taube konnte davonfliegen.

[3] **die Leimruten:** ein mit Leim/Klebstoff bestrichener Stock

b   Warum beißt die Ameise den Vogelfänger in den Fuß?
     Schreibe auf die Linien.

_____

_____

_____

5

a   Lies den **4. Abschnitt**.

13 Die Fabel zeigt, dass auch von den Schwachen Hilfe kommen kann.*

b   Was will uns die Fabel von Äsop sagen?
     Kreuze passende Aussagen an.

☐ Nur von Starken kannst du Hilfe erwarten.

☐ Man sollte sich gegenseitig helfen.

☐ Auch Schwache können dir helfen.

1 Lies den folgenden Text.

Der _____

_____

₁ **1** Der Seeadler zählt zu den Greifvögeln.

₂ Er gehört zur Familie der Habichtartigen.   _____

₃ Insgesamt gibt es acht verschiedene Arten   _____

₄ von Seeadlern.

₅ **2** Seeadler werden 60 bis 80 Zentimeter groß.   _____

₆ Sie werden bis zu sieben Kilogramm schwer. […]

₇ Die Weibchen sind oft etwas größer als   _____

₈ die Männchen.

₉ **3** Das Gefieder dieser Adler ist überwiegend   _____

₁₀ dunkelbraun. Flügel, Brust und Kopf sind oft

₁₁ etwas heller. Der Schwanz ist meistens weiß.   _____

₁₂ Der kräftige Schnabel ist gelb, genau wie

₁₃ die Füße und die Augen. […]

₁₄ **4** Seeadler ernähren sich hauptsächlich von   _____

₁₅ Fisch und Wasservögeln. Aber auch Hasen,

₁₆ Kaninchen, Mäuse und tote Tiere stehen   _____

₁₇ auf dem Speiseplan. […]

₁₈ **5** Der Seeadler lebt in Nord- und Mitteleuropa   _____

₁₉ und in Teilen Asiens, von Grönland bis Sibirien.

₂₀ Auch bei uns kommen diese Tiere seit einigen   _____

₂₁ Jahren wieder vor. […] Die Nähe zum Wasser

₂₂ ist für diesen Vogel immer wichtig.

₂₃ **6** Seeadler bleiben ein Leben lang mit ihrem   _____

₂₄ Partner zusammen. Sie haben verschiedene

₂₅ Nester (Horste), die sie abwechselnd bewohnen.   _____

₂₆ Ein Horst liegt meist hoch oben in einem Baum

₂₇ oder auf einem Felsen.

₂₈ **7** Ein Seeadlerweibchen legt nach der Paarung   _____

₂₉ im Frühjahr oder Sommer meistens drei Eier.

₃₀ Beide Vögel bebrüten gemeinsam die Eier. […]   _____

₃₁ **8** Ein Seeadler kann bis zu 30 Jahre alt werden.   _____

₃₂ […]*

🖊 **2** Wovon handelt der Text?
Ergänze die Überschrift über den Text.

🖊 **3** Suche passende Überschriften für jeden Abschnitt.
Schreibe auf die Linien am Rand.

- – Die Fortpflanzung
- – Das Alter
- – Die Lebensorte
- – Die Familie
- – Die Lebensweise
- – Das Aussehen
- – Die Nahrung
- – Die Größe und das Gewicht

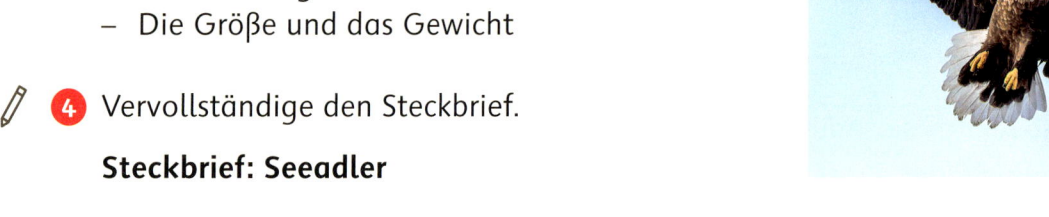

🖊 **4** Vervollständige den Steckbrief.

Steckbrief: Seeadler

die Familie: _____

die Größe: _____

_____

das Gewicht: _____

das Aussehen:

der Körper: _____

der Schwanz: _____

der Schnabel: _____

die Füße: _____

die Ernährung: _____

_____

die Lebensorte: _____

_____

_____

Märchen hören und lesen

Über Märchen sprechen – Märchen erschließen

> Das **Märchen** ist eine **kurze Erzählung**.
> Es berichtet von Wunderbarem und Wundersamem in einer **Fantasiewelt**.
> Die Brüder Jacob und Wilhelm Grimm sammelten vor ungefähr 200 Jahren
> deutsche Märchen.

 1 Lies das Märchen der Brüder Grimm.

Brüder Grimm
Der Bauer und der Teufel

1. Abschnitt

1 Es war einmal ein kluges und verschmitztes[1] Bäuerlein.
2 Von seinen Streichen könnte viel erzählt werden.
3 Die schönste Geschichte ist aber doch, wie er den Teufel
4 einmal drangekriegt und zum Narren gehalten hat[2].
5 Das Bäuerlein hatte eines Tages seinen Acker bestellt[3].
6 Er bereitete sich zur Heimfahrt vor, als es schon dunkel wurde.
7 Da erblickte er mitten auf seinem Acker einen Haufen
8 feuriger Kohlen.
9 Er ging voll Verwunderung dorthin und sah oben auf
10 der Glut einen kleinen schwarzen Teufel.

[1] **verschmitzt:** pfiffig

[2] **zum Narren gehalten hat:** getäuscht hat

[3] **den Acker bestellen:** ein Feld bearbeiten / Getreide aussäen

2 Wie war das Bäuerlein?
Ergänze den Satz.

Es war einmal _____

_____.

3 Was erblickte das Bäuerlein plötzlich auf seinem Acker?
Ergänze den Satz.

Plötzlich erblickte er mitten auf seinem Acker
einen Haufen feuriger Kohlen und oben drauf saß

_____.

2. Abschnitt

11 „Du sitzest wohl auf einem Schatz?", sprach das Bäuerlein.

12 „Jawohl, auf einem Schatz, der viel Gold und Silber enthält",

13 antwortete der Teufel.

14 „Der Schatz liegt auf meinem Feld und gehört mir",

15 sprach das Bäuerlein.

16 „Er ist dein", antwortete der Teufel, „wenn du mir zwei Jahre

17 lang die Hälfte von dem gibst, was dein Acker hervorbringt⁴." […]

18 Das Bäuerlein ging auf den Handel ein.

⁴ **was der Acker hervorbringt:** was geerntet wird

  4 Was sprach das Bäuerlein? Was sprach der Teufel?
Schreibe die wörtliche Rede aus dem 2. Abschnitt ab.

Das Bäuerlein sprach: „_____

_____?"

Der Teufel antwortete: „_____

_____."

Das Bäuerlein sprach: „_____

_____."

Der Teufel antwortete: „_____

_____."

3. Abschnitt

19 „Damit aber kein Streit bei der Teilung entsteht", sprach das Bäuerlein,

20 „so soll dir gehören, was über der Erde ist, und mir, was unter der Erde ist."

21 Dem Teufel gefiel das wohl, aber das listige Bäuerlein hatte Rüben

22 gesät. Die Zeit der Ernte kam. […] Der Teufel fand nur die gelben

23 welken Blätter. Das Bäuerlein grub vergnügt seine Rüben aus.

  5 Was schlägt das Bäuerlein dem Teufel vor?
Ergänze den Satz.

„Damit aber kein Streit bei der Teilung entsteht, _____

_____."

6 Warum konnte der Teufel keine Früchte ernten?
Ergänze die Sätze.

Das Bäuerlein säte aber _____.

Der Teufel fand nur _____.

4. Abschnitt

24 „Einmal hast du den Vorteil gehabt", sprach der Teufel,
25 „aber für das nächste Mal soll das nicht gelten. Dein ist,
26 was über der Erde wächst, und mein, was darunter ist."
27 „Mir auch recht", antwortete das Bäuerlein.
28 Als aber die Zeit zur Aussaat kam, säte das Bäuerlein
29 nicht wieder Rüben, sondern Weizen.
30 Die Frucht wurde reif, das Bäuerlein ging auf den Acker.
31 Er schnitt die vollen Halme bis zur Erde ab.
32 Als der Teufel kam, fand er nichts als die Stoppeln.
33 Er verschwand wütend in einer Felsenschlucht.

7 Was sprach der Teufel?
Ergänze den Satz.

Der Teufel sprach: „Dein ist, was _____

_____."

8 Warum konnte der Teufel wieder keine Früchte ernten?
Ergänze die Sätze.

Das Bäuerlein aber säte _____.

Der Teufel fand nichts als die _____ vor.

9 Wie reagierte der Teufel?
Ergänze den Satz.

Der Teufel _____

_____.

5. Abschnitt

34 „So muss man die Füchse[5] prellen", sprach das Bäuerlein,
35 ging hin und holte sich den Schatz.*

[5] **die Füchse: hier:** Füchse gelten als schlaue Tiere. Der Teufel dachte, dass er besonders schlau ist.

10 Viele Märchen wollen den Menschen etwas sagen.

a Markiere den letzten Satz des Märchens.

b Was bedeutet der Satz des Bauern:
„So muss man Füchse prellen."
Kreuze an.

☐ So muss man Füchsen etwas erklären.

☐ So muss man Füchse reinlegen.

☐ So muss man Füchsen Ballspielen beibringen.

11 Märchen haben besondere Merkmale.
Welche Merkmale treffen auf das Märchen
Der Bauer und der Teufel zu?
Kreuze in der Tabelle an.

die Merkmale	
Ort und Zeit werden nicht genau angegeben.	☐
Eine Heldin oder ein Held steht im Mittelpunkt.	☐
Sie oder er muss schwierige Aufgaben meistern.	☐
Tiere sprechen und handeln wie Menschen.	☐
Meist siegt das Gute über das Böse.	☐
Märchen beginnen gleich oder ähnlich. Beispiel: Es war einmal …	☐
Gegensatzpaare werden deutlich. Beispiele: gut – böse, arm – reich	☐
Magische Zahlen werden verwendet. Beispiele: drei Schwestern, sieben Zwerge	☐
Sprüche wiederholen sich. Beispiel: Spieglein, Spieglein an der Wand, wer ist die Schönste im ganzen Land?	☐
Die Märchen enden gleich oder ähnlich. Beispiel: Und wenn sie nicht gestorben sind, so leben sie noch heute.	☐

Märchen nacherzählen

So kannst du Märchen nacherzählen:
1. Schritt: **Lies oder höre** das Märchen **mehrmals**.
2. Schritt: **Teile** das Märchen **in Erzählabschnitte ein**.
3. Schritt: **Notiere** dir zu jedem Erzählabschnitt **Stichpunkte**.
4. Schritt: **Notiere** die Stellen für die **wörtliche Rede**.
5. Schritt: **Übe** das Nacherzählen.

1 Bereite das Märchen **Der Bauer und der Teufel**
zum Nacherzählen vor.

a Zu welchen Abschnitten gehören die Teilüberschriften?
Trage den Abschnitt ein.

_____	Teufel bekommt, was unter der Erde wächst
_____	Vertrag zwischen Bäuerlein und Teufel
_____	Treffen zwischen Bäuerlein und Teufel
_____	Teufel bekommt, was über der Erde wächst
5. Abschnitt _____	Bäuerlein erklärt sein Handeln

b Du brauchst fünf Karteikarten.
Schreibe auf jede Karteikarte
eine Teilüberschrift.

⑤ *Bäuerlein erklärt sein Handeln*
④ ...
③ ...
② ...
① ...

c Schreibe auf jede Karteikarte zu jeder Teilüberschrift
die Antworten zu den Aufgaben der Textabschnitte.

2 Erzähle das Märchen **Der Bauer und der Teufel** nach.

a Lies deine Antworten vor.

b Lies die wörtliche Rede des Teufels oder des Bauern
mit verstellter Stimme.

Gedichte hören und lesen

Über Gedichte sprechen – Gedichte erschließen

Gedichte beschreiben Gedanken und Gefühle über die Welt und das Leben.
Gedichte werden in **Versen (Gedichtzeilen)** geschrieben.
Sie haben eine oder mehrere **Strophen**.

1 Lies das Gedicht **Es fiel ein Schnee**.

Peter Hacks
Es fiel ein Schnee

_____ Es fiel ein Schnee heut Nacht vom Himmel.

_____ Die Pferde sehen aus wie Schimmel.

_____ Die Bäume sehen aus wie Birken.

_____ Das macht das Schnein[1], daß[2] sie so wirken.

_____ Die kleinen Wege sind fast sauber.

_____ Und wie ein Schneemann steht der Rauber[3].

_____ Er steht, den Säbel umgeschnallt,

_____ Im Winterwald. [R]

[1] **das Schnein:** das Schneien

[2] **daß:** frühere Rechtschreibung, heute schreibt man: dass

[3] **der Rauber:** hier: der Räuber

2 Nummeriere die Verse (Gedichtzeilen).

3 Welche Jahreszeit wird in dem Gedicht beschrieben?
Schreibe auf die Linie.

Gedichte haben oft **sprachliche Bilder** oder anschauliche **Vergleiche**.
Das Gedicht von Peter Hacks enthält bildhafte Vergleiche[3].

[3] **die bildhaften Vergleiche:** Beispiel: stolz **wie** ein König

4 Ergänze die Sätze. Schreibe auf die Linien.

Die Pferde sehen aus **wie** _____.

Die Bäume sehen aus **wie** _____.

Der Räuber steht **wie** ein _____.

> Gedichte können **Reime** enthalten.
> Reime bestehen aus **Reimwörtern**. Beispiel: gehen – sehen

5 Schreibe die Reimwortpaare aus dem Gedicht **Es fiel ein Schnee** auf.

Himmel – Schimmel,

6 Lies das Gedicht **Garten**.

Georg Bydlinski

Garten

1 Ich sitze im Gras und schweige.
2 Der Himmel ist blau wie das Meer.
3 Der Wind bewegt die Zweige,
4 sie schwingen leicht, hin und her.

5 Ich bin nicht allein, denn ich sehe
6 den Wind, der im Kirschgeäst schaukelt,
7 den Schmetterling, der in der Nähe
8 ganz langsam vorübergaukelt.

9 Ich höre die Amseln und Stare.
10 Ich sehe die Käfer im Kraut.
11 Der Wind bewegt meine Haare,
12 die Sonne berührt meine Haut.

7 Nummeriere die Strophen.

8 Welche Jahreszeit wird in dem Gedicht beschrieben?
Schreibe auf die Linie.

> **Tipp**
> Jede Strophe hat
> vier Verse.

9 Markiere die Reimwortpaare in jeder Strophe.

Gedichte vortragen – Gedichte gestalten

Heinrich Heine schrieb seine Gedanken und Gefühle
über den Frühling in einem Gedicht.

 1 Lies das Gedicht von Heinrich Heine.

Heinrich Heine (1797–1856)

1 Leise zieht durch mein Gemüt¹

2 liebliches Geläute.

3 Klinge, kleines Frühlingslied,

4 kling hinaus ins Weite.

5 Kling hinaus, bis an das Haus,

6 wo die Blumen sprießen².

7 Wenn du eine Rose schaust,

8 sag, ich lass sie grüßen.

¹ **das Gemüt:**
das Innere
eines Menschen,
Gedanken und
Gefühle

² **die Blumen
sprießen:**
die Blumen
wachsen

2 Wenn der Winter zu Ende geht, fängt **langsam** und **leise** der Frühling an.
Überall in der **weiten Welt hört** man die **Blumen sprießen**.
Welche Wörter im Gedicht drücken den Frühlingsanfang aus?
Unterstreiche die Wörter.

3 Beim Vorlesen verändert sich die Sprechmelodie.
Die Stimme senkt sich am Satzende. ↓

a Markiere alle Punkte.

b Zeichne die Pfeile ein.

4 Heinrich Heine freut sich auf den Frühling.
Er will die Blumen grüßen.
Markiere diese Textstelle im Gedicht farbig.

5 Tragt euch das Gedicht gegenseitig vor.

a Betont die unterstrichenen Wörter.

b Senkt die Stimme am Satzende.

c Tragt die markierte Textstelle im Gedicht schneller vor.

Sagen hören und lesen

Über Sagen sprechen – Sagen erschließen

> **Sagen** enthalten einen wahren **historischen (geschichtlichen) Kern**.
> Sie sind eng mit Orten, Personen, Gebäuden oder
> geschichtlichen Ereignissen verbunden.

 1 Lies die folgende Sage.

Wie die Sankt[1]-Georgs-Kapelle[2] zu ihrem Namen kam

1 [...] Damals sonnte sich [...] ein junger Drache auf der Landstraße.
2 Das Drachenkind schlief ein. Deshalb bemerkte es nicht, dass sich ein
3 Fuhrwerk[3] näherte. Der Knecht [...] sollte Heu nach Neubrandenburg
4 bringen. Er sah, dass da etwas [...] auf dem Landweg lag.
5 Doch er meinte, es wären nur trockene Äste. [...]

6 Er gab dem Rappen[4] die Peitsche und ließ den schweren Heuwagen
7 über das Hindernis hinwegrollen.
8 Aber was da unter den eisernen Rädern knackte, waren gar keine Äste,
9 sondern die Knochen des unglücklichen Drachenkindes.
10 Schwer verletzt schrie es um Hilfe. Dem Knecht war das angefahrene
11 Tier egal. Er setzte einfach seine Fahrt fort.

12 Die Drachenmutter hingegen eilte schnell herbei. Noch bevor
13 sie ihr Junges erreichte, verstummten die Schreie.
14 Das Drachenkind hatte [...] nicht überlebt.
15 Voll Zorn jagte die Drachenmutter dem Heuwagen hinterher.
16 Der Knecht rettete sich durch das Treptower Tor.
17 Da belagerte die Drachenmutter die Stadt Neubrandenburg. [...]

18 Aber die Bürger hatten Glück, denn zufällig war Ritter Georg
19 zu Gast. [...] Ritter Georg hieb der Drachenmutter den
20 Drachenschwanz ab. Ohne ihn konnte sie nicht gewinnen,
21 denn dort befanden sich ihre Magie[5] und Stärke.
22 So verlor sie ihr Leben.
23 Aus Dankbarkeit erbauten die Neubrandenburger dem Ritter an dem
24 Ort eine Kapelle, wo die wütende Drachenmutter besiegt worden war.*

(Neu erzählt von Marianne Thiele)

1 Sankt: Heiliger

2 die Kapelle: kleine Kirche

3 das Fuhrwerk: ein Wagen, der von einem Pferd gezogen wird

4 der Rappen: das Pferd

5 die Magie: die Zauberkraft

2 Wer besiegte die Drachenmutter?
Schreibe auf die Linie.

_____

Tipp
Lies die
Zeilen
19–22.

3 Was erbauten die Neubrandenburger dem Ritter aus Dankbarkeit?
Schreibe auf die Linie.

_____

Tipp
Lies die
Zeilen
23–24.

4 Was ist über die Errichtung der Kapelle „Sankt Georg" bekannt?
Lies den Text.

1 In Neubrandenburg steht vor dem Treptower Tor eine kleine Kapelle.
2 Diese Kapelle gibt es dort seit 1300.
3 Ihren Namen „Sankt Georg" verdankt sie dem heiligen Georg,
4 den die Menschen damals als Drachentöter und als Beschützer
5 von Kranken, Bauern, Soldaten, Rittern und Reisenden verehrten.
6 Zusammen mit weiteren Gebäuden und einem Friedhof gehörte
7 die Kapelle zu einem Krankenhaus, das kranke Reisende aufnahm.
8 So schützten sich die Menschen in Neubrandenburg
9 vor ansteckenden Krankheiten.

5 Um welches Gebäude geht es in beiden Texten?
Schreibe auf die Linien.

_____

_____

6 Markiere im Text geschichtliche Informationen.

• die Jahreszahl
• der Ort
• das Gebäude
• die Person

Sagen nacherzählen

1 Sagen wurden wie Märchen immer weitererzählt.

a Lies die Sage **Wie die Sankt-Georgs-Kapelle zu ihrem Namen kam** noch einmal.

b Was passiert zuerst? Was passiert danach?
Ordne die Sätze nach dem zeitlichen Ablauf.

_____ **G** Die Drachenmutter fand ihr Junges tot und belagerte die Stadt Neubrandenburg.

_____ **E** Ritter Georg besiegte im Kampf die Drachenmutter und tötete sie.

_____ **A** Der Heuwagen überrollte das Drachenkind und der Knecht half dem Drachenkind nicht.

_1_ **S** Das Drachenkind sonnte sich auf der Landstraße und schlief ein.

c Die Buchstaben der Antworten ergeben ein Lösungswort.
Trage die Buchstaben in der richtigen Reihenfolge ein.

☐ ☐ ☐ ☐

So bereitest du deine **Nacherzählung** vor:
- Teile den Text in **Abschnitte** ein.
- Schreibe auf jede Karteikarte eine **Überschrift**.
- Schreibe zu jeder Überschrift **Stichpunkte**, was in dem Abschnitt passiert.

2 Bereite die Nacherzählung vor.

a Nimm vier Karteikarten.

b Schreibe zuerst jeweils 1., 2., 3. oder 4. Textabschnitt.

c Schreibe dann auf jede Karte eine Überschrift.

> Drachenkind wird überrollt / Ritter Georg besiegt die Drachenmutter /
> Drachenmutter belagert Neubrandenburg / Drachenkind auf der Landstraße

4. Textabschnitt:

3. Textabschnitt:

2. Textabschnitt:

1. Textabschnitt:
Drachenkind auf der Landstraße

d Kreise passende Stichpunkte zu jedem Abschnitt ein.

1. Textabschnitt

Drachenkind sonnte sich / Drachenkind schlief auf Landstraße /
Knecht fuhr nach Neubrandenburg /
Drache flog um die Kapelle / Straße war leer /
Knecht sah auf Straße etwas liegen

2. Textabschnitt

Heuwagen überrollte Drachen / Drache flog weg /
Drachenkind schrie um Hilfe / Drachenkind lachte /
Knecht blieb stehen / Knecht fuhr weg

3. Textabschnitt

Drachenmutter eilte herbei /
Drachenmutter hörte Schreien nicht /
Drachenkind war tot / Drachenkind lebte /
Drachenmutter jagte Heuwagen hinterher /
Knecht wurde gefangen / Knecht konnte fliehen /
Drachenmutter belagerte die Stadt Neubrandenburg

4. Textabschnitt

Ritter Georg war Gast in Neubrandenburg /
Knecht kämpfte mit Drachenmutter /
Ritter Georg besiegte Drachenmutter /
Ritter Georg tötete Drachenmutter /
Neubrandenburger waren dankbar /
erbauten eine Kapelle / erbauten ein Krankenhaus

 e Schreibe die Stichpunkte auf die Karteikarten.

 f Lege dir die Karteikarten in die richtige Reihenfolge.

 g Erzähle die Sage mit eigenen Worten.
Nutze deine Stichpunkte.

Tipp
Achte auf
die richtige
Reihenfolge
der Stichpunkte.

Berichten – für andere schreiben

> Ein **Bericht** muss kurz und sachlich sein.
> Er beantwortet folgende Fragen:
> **Wann** geschah es?
> **Was** geschah?
> **Wo** geschah es?
> **Wer** war beteiligt?
> **Warum** geschah es?
> **Welche** Folgen ergaben sich?

1 Ein herrenloser Hund wurde gefunden.

Lies den Zeitungsartikel.

1 Am Freitag, dem 13. Januar, fanden die Mitarbeiter des
2 örtlichen Supermarkts gegen 21:30 Uhr einen herrenlosen
3 Hund vor dem Eingangsbereich. Der schwarz-braune
4 Terrier war mit einer Leine am Fahrradständer angebunden
5 worden. Die Angestellten des Marktes befreiten den Hund.
6 Sie versorgten ihn mit Wasser und Futter.
7 Der Eigentümer des Hundes konnte nicht ermittelt werden.
8 Deshalb wurde der Hund dem zuständigen Tierheim
9 übergeben. Der Besitzer des Terriers wird hiermit gebeten,
10 sich umgehend im Tierheim zu melden.
11 Sachdienliche Hinweise zur Herkunft des Tieres nehmen sowohl die Mitarbeiterinnen
12 und Mitarbeiter des Tierheims als auch die örtliche Polizeidienststelle entgegen.
13 Volker Breuer, Leiter des Städtischen Tierheims

2 Beantworte die Fragen.
Schreibe auf die Linien.

Wann geschah es? _____

Wer war beteiligt? _____

Wo geschah es? _____

Was geschah? _____

_____

Welche Folgen ergaben sich daraus? _____

_____

Tipp
Datum und
Uhrzeit

Tipp
Lies die Zeilen 7–9.

3 Vervollständige den Bericht.
Schreibe in die Lücken.
Wähle nur passende Angaben aus dem Wortkasten.

> Montag, dem 30. Juni 20.. /
> Schulhof der Thomas-Jahn-Schule /
> Maja Sander (9 Jahre) / Klettergerüst /
> stürzte vom Klettergerüst /
> rechten Knie / Erste Hilfe / Sekretariat /
> Mutter / informiert / 9:20 Uhr

Am _____

ereignete sich gegen _____

auf dem _____

_____ ein Unfall.

Dabei wurde eine Schülerin der Grundschule verletzt.

Während der ersten Hofpause spielte

_____ mit ihren

Freundinnen auf dem _____.

Beim Hochsteigen verlor sie plötzlich den Halt

und _____.

Sie verletzte sich dabei am _____.

_____ bekam das Mädchen

im _____.

Die _____ wurde sofort

_____.

Tipp
Schreibe das
aktuelle Jahr.

Bildgeschichten und Comics lesen und betrachten

Über Bildgeschichten sprechen – Bildgeschichten erschließen

> **Bildgeschichten** stellen in **mehreren Bildern** (mit und ohne Text)
> ein **Geschehen dar**. Jedes Bild ist ein Erzählschritt.
> Du musst dir die Bilder sehr genau angucken.
> Dann kannst du die Geschichte besser verstehen.

1 Die Bilder der folgenden Geschichte sind durcheinandergeraten.
Die Geschichte ist nicht vollständig.

a Sieh dir die Bilder an.

Marc Lizano, Ulf K.
Neue Geschichten von Vater und Sohn: Die Zwille[1]

[1] **die Zwille:** Steinschleuder

A

B

C

D

b Bringe die Bilder in eine sinnvolle Reihenfolge.
Schreibe die Reihenfolge auf die Linien.

1= ____   2 = ____   3= ____   4 = ____

Tipp
Bild 1 –
Wann
kommt
der Vater?

2 Seht euch die Bilder jetzt genauer an.

a Beantworte die Fragen.
Schreibe auf die Linien.

1 Wer handelt in der Geschichte?

Tipp
Lies die
Überschrift
noch einmal.

2 Wo findet die Handlung statt?

Tipp
Sieh dir besonders
Bild B an.

3 Zu welcher Tageszeit findet die Handlung statt?

4 Welcher Gegenstand spielt in der Geschichte eine Rolle?

**Tipp zu
Aufgabe b**
Was verändert
sich bei den
Smileys?

b Woran kann man die Gefühle der Figuren erkennen?

fröhlich　　　　traurig　　　　missmutig　　　　angestrengt

Schreibe auf die Linie.

c Zeichne Smileys zu folgenden Gefühlen:

wütend　　　　lustig

3 Worum geht es in der Geschichte?
Schreibe zu jedem Bild Stichpunkte.
Der Wortkasten hilft dir.

> Vater bekommt Zwille vom Sohn / Sohn spannt Zwille / Sohn schleudert Stein /
> Vater kommt / Sohn strengt sich an / Sohn guckt missmutig / Vater spannt Zwille /
> Vogel sitzt auf Ast / Sohn guckt zu

Bild 1: _____

_____

Bild 2: _____

_____

Bild 3: _____

_____

Bild 4: _____

_____

4 So geht die Geschichte weiter.

a Sieh dir das Bild an.

b Wie gefällt dir das Ende der Geschichte?
Schreibe auf die Linie.

Das Ende gefällt mir, weil _____

_____ .

Das Ende gefällt mir nicht, weil _____

_____ .

Comics enthalten meist folgende **Merkmale**:
Die **Bilder** sind einfach gezeichnet.
Sie erzählen eine Geschichte.
Sprech- und Gedankenblasen sagen, was Figuren sprechen oder denken.
Bildzeichen oder **Symbole** stehen für eine Idee oder für Liebe.
Geräuschwörter veranschaulichen Geräusche, zum Beispiel rums, klick.
Bewegungslinien verdeutlichen Schnelligkeit.
Langsamkeit wird durch mehrere Einzelbilder veranschaulicht.

1 Sieh dir den Comic an.

Tom

2 Warum ist die dargestellte Geschichte ein Comic?
Welche Merkmale treffen zu?
Kreuze an.

☐ einfache Bilder

☐ Sprech- und Gedankenblasen

☐ Bildzeichen oder Symbole

☐ Geräuschwörter

☐ Bewegungslinien

Wortarten und Wortformen

Nomen/Substantive

Merkmale von Nomen/Substantiven

> Einige Wörter schreiben wir immer groß.
> Wir nennen sie **Nomen** oder **Substantive**.
> Zu den Nomen gehört meist ein Artikel: **der, die, das**.

1 Schreibe jedes Nomen mit seinem Artikel in die richtige Spalte.

der	die	das
der Mensch	_die Starterin_	_das_ _____
_____	_____	_____
_____	_____	_____
_____	_____	_____
_____	_____	_____

~~Starterin~~
~~Mensch~~
Hund
Unfall
Eisloch
Monat
Tag
Nacht
Erschöpfung

> Bei den meisten Nomen/Substantive können wir **Singular** (Einzahl) und
> **Plural** (Mehrzahl) bilden. Beispiel: das Spiel – die Spiele
> Im Plural heißt der Artikel immer **die**.

2

 a Lies die Wörter.

 **b** Verbinde die Wortpaare.

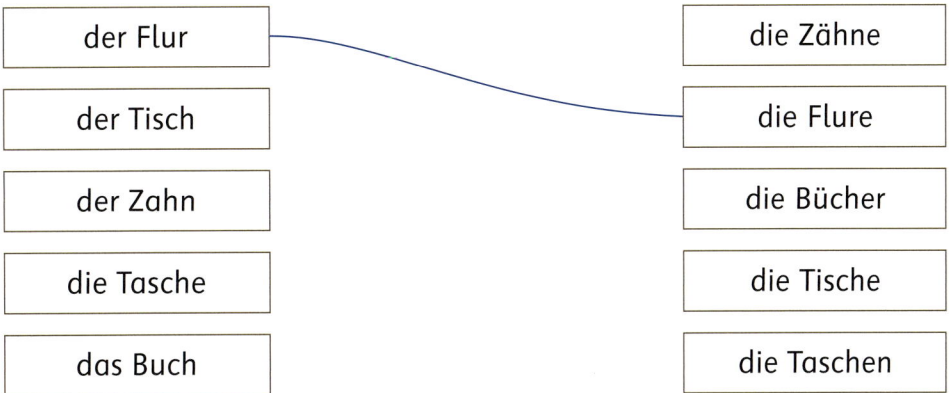

der Flur	die Zähne
der Tisch	die Flure
der Zahn	die Bücher
die Tasche	die Tische
das Buch	die Taschen

Pronomen

Nomen/Substantive können durch **Personalpronomen** ersetzt werden.
Beispiele:

männlich: **Der Hund** ist ein Dackel. → **Er** ist ein Dackel.
weiblich: **Die Katze** gehört der Nachbarin. → **Sie** gehört der Nachbarin.
sächlich: **Das Pferd** ist verletzt. → **Es** ist verletzt.
Plural: **Mein Hund und ich** spielen zusammen. → **Wir** spielen zusammen.
Die Hunde sind sehr schnell. → **Sie** sind sehr schnell.

1 Ersetze die fett gedruckten Wörter durch Personalpronomen.
Schreibe die Sätze auf die Linien.

~~er~~
er
sie
es
wir
sie
sie

Tipp
Satzanfänge werden großgeschrieben.

Anish lebt in Indien.

_Er_ _____

Die Mutter arbeitet als Lehrerin.

_____

Der Vater hat einen Reparaturladen.

_____

Das Geschäft liegt an einer großen Straße.

_____

Anish und seine Brüder machen zusammen Hausaufgaben.

_____

_____

Mein Bruder und ich verbringen viel Zeit im Laden.

_____

_____

Am Abend kommt **die Mutter** nach Hause.

_____

Verben

Merkmale von Verben

> Manche Wörter sagen, was wir **tun**.
> Diese Wörter heißen **Verben** (Tuwörter).
> Beispiele: arbeiten, spielen, schlafen

1

 a Sieh dir die Bilder an.

 b Lies den Satz unter den Bildern.

Lea ist Tierpflegerin.   Simon ist Koch.

2 Was arbeitet (tut) Lea in ihrem Beruf?
Was arbeitet (tut) Simon in seinem Beruf?
Ordne die Verben den Berufen zu.
Schreibe in die Tabelle.

Was arbeitet (tut) Lea in ihrem Beruf?	Was arbeitet (tut) Simon in seinem Beruf?

rühren
füttern
kochen
streicheln
schälen
säubern
salzen
fegen
ausmisten
anbraten
zerschneiden
aufziehen
kraulen
erhitzen

Finite Verbformen (Personalformen)

> Verben können wir mit **ich, du** und **wir** verbinden.
> Dann **verändern sich** die Verben.
> Beispiel: wiegen: ich wieg-**e**   du wieg-**st**   wir wieg-**en**

1 Schreibe die Verben mit **ich, du** und **wir** auf die Linien.

kochen: ich koche, du kochst, wir kochen _____

_____

_____

_____

~~kochen~~
schälen
fegen
kraulen

2 Was tue ich? Was tust du? Was tun wir?
Ergänze die Sätze.
Setze das Verb mit der richtigen Endung ein.

Wir _____ um die Wette.

Du _____ in der Schülerband.

Ich _____ oft meine Sportsachen.

Du _____ das neue Computerspiel.

Ich _____ einen leckeren Kuchen.

Wir _____ uns im Park.

backen
treffen
singen
vergessen
rennen
spielen

3 Bilde nun drei eigene Sätze mit **ich, du** und **wir**.
Du kannst die Verben am Rand nutzen oder eigene.
Schreibe die Sätze auf die Linien.

_____

_____

_____

_____

gehen
springen
hüpfen
hören
bauen

Zeitformen

> Verben beschreiben Tätigkeiten im **Präteritum** (in der Vergangenheit),
> im **Präsens** (in der Gegenwart) oder im **Futur** (in der Zukunft).
> Beispiele:
> Gestern **suchte** die Polizei den Mann.   Vergangenheit
> Heute **sucht** die Polizei den Mann.   Gegenwart
> Morgen **wird** die Polizei den Mann **suchen**.   Zukunft

1 Ergänze die Sätze.
Schreibe die Verben in der richtigen Zeitform.

Tipp
Präteritum,
Präsens und
Futur sind
Zeitformen.

kochen

Heute _____ Simon Nudeln mit Tomatensoße.

Gestern _____ er Kartoffelsuppe.

Morgen _____ er Reis mit Gemüse _____.

kochte
kocht
wird kochen

fegen

Heute _____ Lea den Affenkäfig.

Gestern _____ sie den Stall.

Morgen _____ sie die Wege _____.

wird fegen
fegt
fegte

2 Ergänze die Sätze.
Schreibe die Verben in der richtigen Zeitform.

tanzen

Heute _____ Sarah in der Schule.

Morgen _____ Sarah im Verein _____.

Gestern _____ Sarah mit ihren Freunden.

putzen

Heute _____ Herr Fischer das Bad in der neuen Wohnung.

Gestern _____ Herr Fischer den Flur in der neuen Wohnung.

Morgen _____ Herr Fischer die alte Wohnung _____.

Stammformen

> Die Stammformen oder Leitformen eines Verbs sind:
> **Infinitiv** (Grundform), **Präteritum** (Vergangenheit) und
> **Partizip II** (Mittelwort der Vergangenheit).
> Bei schwachen Verben bleibt der Wortstamm unverändert:
> Beispiel: lachen – lachte – gelacht
> Bei starken Verben ändert sich der Wortstamm:
> Beispiel: singen – sang – gesungen

1 Ergänze die fehlenden Stammformen.

Infinitiv (Grundform)	Präteritum (Vergangenheit)	Partizip II (Mittelwort der Vergangenheit)
suchen	suchte	gesucht
	wartete	gewartet
spielen		
schenken	schenkte	
		gekauft
laufen	lief	gelaufen
lesen	las	
	sprang	gesprungen
surfen		
joggen		

2 Bilde mit **drei** Verben aus der Tabelle Sätze.
Schreibe die Sätze auf.

Ismael wartete auf den Bus.

Adjektive

> **Adjektive beschreiben Personen, Tiere** und **Gegenstände genauer**.
> Beispiele: der **große** Mann, der **grüne** Frosch, die **schöne** Tasche

1 Sieh dir den Dalmatiner an.

2 Beschreibe den Dalmatiner.
Suche passende Adjektive aus. Schreibe in die Lücken.

Der Dalmatiner ist ein _____ und _____ Hund.

Sein _____ Fell hat _____ Tupfen.

| weißes |
| schwarzes |
| schwarze |
| braune |
| kleiner |
| großer |
| schlanker |

3

a Sieh dir die Bilder an.

b Lies die Sätze unter den Bildern.

c Markiere die Adjektive.

Der Hund ist groß.   Das Pferd ist größer.   Der Elefant ist am größten.

> Adjektive lassen sich meist **steigern**.
> Beispiel: **klein** (die Grundstufe), **kleiner** (die Mehrstufe), **am kleinsten** (die Meiststufe)

4 Steigere die Adjektive **schön** und **mutig**.
Schreibe die Grundstufe, die Mehrstufe und die Meiststufe in dein Heft.

Präpositionen

> Wörter wie **in, vor, unter, über, hinter, seit, für, mit, neben, auf, nach, am, im, um, an** sind **Präpositionen**.

1 Erkenne die Präpositionen.

a Lies den Text.

b Markiere die Präpositionen im Text.

1 Am Donnerstag ist im Kino ein neuer Film angelaufen.
2 Seit Wochen läuft dafür die Werbung.
3 Mark, Anton und Lilly wollen heute in das Kino gehen.
4 Die Vorstellung beginnt um 16 Uhr.
5 Lilly wartet neben der Kinokasse.
6 Marek und Anton kommen zu spät in den Kinosaal.
7 Sie haben sich noch Popcorn an der Kasse gekauft.
8 Nach dem Film wollen alle auf den Fußballplatz gehen.

2 Beantworte die Fragen.
Nutze dafür die Präpositionen in der Wörterliste.
Schreibe ins Heft.

1 Wohin möchtest du gerne reisen?
2 Wo steht dein Fahrrad?
3 Worauf sitzt du gerne?
4 Wo steht deine Schultasche?
5 Womit kommst du zur Schule?
6 Wann fängt der Unterricht an?
7 Wo triffst du dich gerne am Wochenende?

Beispiel: 1. Ich möchte gerne nach ... reisen.

nach
um
im
in
auf
vor
mit
neben
unter
am

3 Suche dir **drei Präpositionen** aus der Wörterliste von Aufgabe 2 aus.
Schreibe damit drei Sätze.

Satzbau und Zeichensetzung

Satzarten und ihre Satzschlusszeichen

> Wir unterscheiden zwischen **Aussage-, Frage-** und **Aufforderungssätzen**.
> Am Ende eines **Aussagesatzes** steht ein **Punkt**(.).
> Beispiel: Ich esse gerne Spagetti.
> Am Ende eines **Fragesatzes** steht ein **Fragezeichen**(**?**).
> Beispiel: Was isst du gerne?
> Am Ende eines **Aufforderungssatzes** steht ein **Ausrufezeichen**(**!**).
> Beispiel: Iss das auf!

1 Welches Satzzeichen passt?
Schreibe den Text in dein Heft. Ergänze die Satzzeichen.

Tipp
Der Text
enthält zwei
Aussagesätze,
zwei Fragesätze
und einen
Aufforderungssatz.

1 Wie kam Nina Weger zum Zirkus
2 Mit ihren Geschwistern besuchte sie eine Vorstellung
3 des Zirkus Roncalli
4 Danach lernte sie Seiltanzen
5 Kannst du auf einem Seil laufen
6 Probiere es aus

2 Erkenne die Satzart.

a Ergänze die Satzzeichen.

b Schreibe unter jeden Satz die Satzart.

Nina Weger besuchte eine Vorstellung des Zirkus Roncalli____

Aussagesatz

Was lernte sie danach____

Die Geschwister von Nina lernten, auf Bällen zu laufen____

Hast du auch schon mal einen Zirkus besucht____

Besuch mal einen Zirkus____

Bau des einfachen Satzes

Subjekt

Das **Subjekt** ist ein **Satzglied**. Satzglieder sind **Bausteine in einem Satz**.
Das Satzglied kann aus mehreren Wörtern bestehen.
Nach dem Subjekt fragen wir mit **Wer?** oder **Was?**.
Beispiele: Der Junge geht gerne zum Zirkus.
Wer geht gerne zum Zirkus?
Das Eis schmeckt gut.
Was schmeckt gut?

1 Verbinde die Satzteile 1 bis 4 mit den Satzteilen A bis D
zu sinnvollen Sätzen.

1 Toms Mutter	**A** ist in Hannover.
2 Tom	**B** muss deshalb nach Hannover zur Oma ziehen.
3 Der Zirkus Merlini	**C** ist Arthur Merlini.
4 Der Zirkusbesitzer	**D** soll eine Reise zum Nordpol leiten.

2 Erkenne das Subjekt.

a Schreibe die Sätze auf.

b Frage nach dem Subjekt. Schreibe die Frage auf.

c Markiere das Subjekt im Satz **grün**.

1. Satz: Toms Mutter soll eine Reise zum Nordpol leiten.

1. Frage: Wer soll eine Reise zum Nordpol leiten?

2. Satz: _____

2. Frage: _____

3. Satz: _____

3. Frage: _____

4. Satz: _____

4. Frage: _____

Prädikat

> Das **Prädikat** ist ein **Satzglied**. Satzglieder sind **Bausteine in einem Satz**.
> Das Satzglied Prädikat sagt etwas über das Subjekt aus.
> Nach dem Prädikat fragen wir mit: **Was wird ausgesagt?**
> Beispiel: Die Mädchen wohnen auf dem Rummel.
>   **Was wird** über die Mädchen (Subjekt) **ausgesagt**?

1 Erkenne das Subjekt und das Prädikat.

a Lies die Sätze.

b Markiere jeweils das Subjekt mit einer Farbe.

c Markiere jeweils das Prädikat mit einer anderen Farbe.

1 Das Zirkuszelt steht auf der Wiese.

2 Drei Artisten jonglieren mit Bällen.

3 Die Seiltänzer schlafen noch im Wohnwagen.

4 Der Clown füttert die Pferde.

5 Die Musiker üben.

6 Ein Affe fährt mit einem Roller.

> Ein Prädikat kann auch aus **mehreren Teilen** bestehen.
> Beispiel: Heute treten Zauberer auf.

2 Markiere die Prädikate.

1 Peter hat Nadja einen Wohnwagen geschenkt.

2 Ich habe Nadja in ihrem Wohnwagen besucht.

3 Ich habe im Wohnwagen auch einen Fernseher entdeckt.

4 Täglich muss Nadja in ihre Schule fahren.

Tipp
Das zweite und das letzte Wort gehören zusammen.

3 Setze das Prädikat ein.

Ich _____ ein neues Handy _____.

Wir _____ Nudeln _____.

Sie _____ ihre Großeltern _____.

haben
habe
hat

gekocht
besucht
bekommen

Objekt (Ergänzung)

> Das **Objekt** ist ein **Satzglied**. Satzglieder sind **Bausteine in einem Satz**.
> Das Satzglied Objekt ergänzt das Prädikat.
> Nach dem Objekt fragen wir: **Wem …? Wen …? Was …?**
> Beispiel: Der Clown bewirft seinen Partner mit einer Torte.
> **Wen** bewirft der Clown?
> Die Ergänzung ist: seinen Partner

1 Markiere das Objekt (die Ergänzung).

Tipp
Die Antwort auf die Frage ist das Objekt (die Ergänzung).

1 **Wen** beobachtet der Trainer?

Der Trainer beobachtet die Spieler.

2 **Wen** entdeckt unser Nachbar?

Unser Nachbar entdeckt eine fremde Katze.

3 **Wem** hilft der Artist?

Der Artist hilft dem Zauberer.

4 **Wem** gehören die Jeans?

Die Jeans gehören meiner Schwester.

5 **Was** sucht der Clown?

Der Clown sucht seinen Schirm.

6 **Was** spielt der Musiker?

Der Musiker spielt ein bekanntes Lied.

7 **Was** findet mein Freund?

Mein Freund findet eine Kiste.

8 **Wem** gefällt der Film?

Der Film gefällt meinem Vater.

2 Markiere das Objekt.

1 Wanja hilft seinen Eltern.

2 Ich besuche meine Großeltern.

3 Leon findet den Schlüssel.

4 Ich gucke einen Film.

Adverbialbestimmungen (Umstandsbestimmungen) des Ortes

> **Adverbialbestimmungen** (Umstandsbestimmungen) sagen,
> **wo** und **wann** etwas geschieht oder jemand etwas tut.
> Nach Adverbialbestimmungen **des Ortes** fragen wir mit:
> **Wo …? Woher …? Wohin …?**

1 Unterstreiche die Adverbialbestimmung des Ortes.

Tipp
Die Antwort ist die Adverbialbestimmung des Ortes.

1 Wo findet die Show statt?

Die Show findet im großen Zelt statt.

2 Woher kommen die Artisten?

Die Artisten kommen aus aller Welt.

3 Wohin laufen die Pferde?

Die Pferde laufen in die Manege[1].

[1] **die Manege:**
runde Fläche im Zirkus
für die Vorstellungen

4 Wo ist der Zirkus Zampano?

Der Zirkus Zampano ist in unserer Stadt.

5 Woher kommt der Zirkus?

Der Zirkus kommt aus Spanien.

6 Wohin fährt der Zirkus?

Der Zirkus fährt in die nächste Stadt.

7 Wo klebten die Plakate?

Die Plakate klebten an jedem Schaufenster.

2 Beantworte die Fragen.
Schreibe die Adverbialbestimmungen in die Lücken.

Wohin fährst du gern in Urlaub?

Ich fahre gern nach _____.

Wohin gehst du nach der Schule?

Ich gehe nach der Schule _____.

Adverbialbestimmungen (Umstandsbestimmungen) des Ortes und der Zeit

> Adverbialbestimmungen (Umstandsbestimmungen) sagen,
> **wo** und **wann** etwas geschieht oder jemand etwas tut.
> Nach Adverbialbestimmungen **der Zeit** fragen wir mit:
> **Wann …? Wie lange …? Seit wann …? Bis wann …? Wie oft …?**

1 Unterstreiche die Adverbialbestimmung der Zeit.

Tipp
Die Antwort ist die Adverbialbestimmung der Zeit.

1 Wann findet die Show statt?

Die Show findet <u>am Sonntag</u> statt.

2 Wie lange dauert die Show?

Die Show dauert zwei Stunden.

3 Seit wann proben die Artisten?

Seit dem Nachmittag proben die Artisten.

4 Bis wann bleibt der Zirkus im Ort?

Der Zirkus bleibt bis Montag im Ort.

5 Wie oft finden die Vorstellungen statt?

Die Vorstellungen finden zweimal pro Tag statt.

2 Ordne die Adverbialbestimmungen richtig in die Tabelle ein.

~~im Zirkus~~
vor einiger Zeit
bis nächste Woche
aus Amerika
um drei Uhr
drei Wochen
in den Sportverein
dreimal im Monat
nach Spanien
in der Schule
seit Ostern
heute
in die nächste Stadt
auf dem Tisch

Ortsangaben	Zeitangaben
im Zirkus	

Attribut (Beifügung)

> **Attribute** (Beifügungen) **bestimmen** ein Nomen/Substantiv **näher**.
> Beispiele für Attribute **vor** dem Nomen:
> ein <u>spannendes</u> Buch
> eine <u>vergoldete</u> Maske
> Beispiele für Attribute **nach** dem Nomen:
> das Haus <u>am See</u>
> der Blinker <u>links</u>

1 Erkenne die Attribute (Beifügungen).

a Lies die Sätze.

b Unterstreiche die Attribute.

1 <u>Meine</u> Großeltern wohnen im Schwarzwald.

2 Dort wird die Fastnacht als riesiges Volksfest gefeiert.

3 Sie wollen die prächtigen Umzüge der Narren sehen.

4 Die Männer des Ortes tragen traditionelle Kostüme.

5 Eine schwere Gesichtsmaske aus Holz ist am Hut genäht.

6 Über der Schulter tragen sie ein grünes Tuch.

7 Dazu tragen sie weiße Handschuhe.

Elzacher Fastnacht

2 Ordne die Attribute aus dem Text in die passende Spalte.

Tipp
Bei den Nomen
Umzüge und
Gesichtsmaske
gibt es ein
vorangestelltes
und ein
nachgestelltes
Attribut.

vorangestellt	Nomen	nachgestellt
meine	Großeltern	——
	Volksfest	——
	Umzüge	
——	Männer	
	Gesichtsmaske	
	Tuch	——
	Handschuhe	——

Kommasetzung bei Aufzählungen

> Wenn **mehrere gleichartige Wörter oder Wortgruppen** aufgezählt werden, steht ein **Komma** zwischen ihnen.
> Das **Komma fällt weg**, wenn sie **mit Bindewörtern verbunden** sind: und, oder, sowohl … als auch.
> Beispiel: Masken werden aus Holz, Gummi, Papier oder Stoff hergestellt.

1 Erkenne die Aufzählungen.

a Lies die Sätze.

b Setze die fehlenden Kommazeichen.

1 Masken benutzt man, um Gesicht Augen Atemwege

2 und den Körper zu schützen.

3 Für viele Berufe gibt es Schutzmasken, zum Beispiel

4 für Ärzte Schwestern Pfleger Schweißer und Soldaten.

5 Auch Sportler tragen Masken, zum Beispiel beim

6 Tauchen Fechten Eishockey oder American Football.

2 Was fällt dir an dem Text auf?

a Lies die Sätze.

b Sprich mit einer Partnerin oder einem Partner über den Text.

1 Neujahr feiert man in Amerika und Afrika und Europa und
2 Australien und Asien.
3 Manche Chinesen verkleiden sich an Neujahr als Löwen oder
4 Drachen oder andere Tiere.
5 Der Drache ist in Afrika oder Amerika oder Südamerika
6 unbekannt.
7 In China schmücken rote Laternen oder rote Girlanden oder
8 Spruchbänder jedes Haus.

c Schreibe die Sätze auf.
 – Ersetze unnötige Wortwiederholungen durch ein Komma.
 – Schreibe in dein Heft.

Tipp
Manchmal sind die Wörter **und** und **oder** unnötig.

Bau des zusammengesetzten Satzes

Viele **zusammengesetzte Sätze** bestehen aus einem **Hauptsatz**
und einem **Nebensatz**.
Nebensätze beginnen oft mit: als, weil, da, bis, obwohl, dass,
wenn, aber, denn, deshalb.
Beispiel:

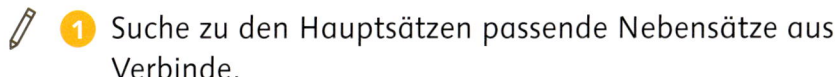

Das Publikum klatscht , weil der Clown Späße macht.
Hauptsatz (Hs)   , Nebensatz (Ns).

1 Suche zu den Hauptsätzen passende Nebensätze aus.
Verbinde.

Hauptsätze

Nebensätze

A bevor sie vor Publikum auftreten.

B als ob sie eine alte Dame wäre.

1 Jooseppi putzt seine
Clownsschuhe,

C bis sie blitzen.

D dass Marilu Seiltänzerin wird.

2 Papa Tatu wünscht
sich,

E weil Jooseppi sie unterrichten wird.

3 Marilu ist
überglücklich,

F damit sie abends sauber sind.

4 Als Erstes übt
Marilu zu gehen,

G dass die Vorstellung gut wird.

H denn sie bekommt Unterricht
von Jooseppi.

5 Marilu und Jooseppi
müssen viel proben,

I obwohl sie das schon gut kann.

J bis sie alles auswendig können.

2 Erkenne die Hauptsätze und Nebensätze.

a Schreibe die Sätze in dein Heft.

b Markiere die Hauptsätze und Nebensätze mit unterschiedlichen Farben.

Zeichensetzung bei der direkten (wörtlichen Rede)

> Die **wörtliche Rede** steht in **Anführungszeichen**.
> Zwischen einem einleitenden Begleitsatz und der wörtlichen Rede
> steht ein **Doppelpunkt**.
> Beispiel: Tina fragt: „Wie ist das Buch?"
> Steht der **Begleitsatz** in der **Mitte** oder **nach der wörtlichen Rede**,
> wird er durch **Kommas** abgetrennt.
> Beispiele: „Einfach toll", antwortet Cindy, „es gefällt mir sehr."
> „Ich leihe mir das Buch aus", sagt Tina.

1 Doppelpunkte und Kommas richtig setzen.

a Lies die Sätze.

b Wann musst du einen **Doppelpunkt** und wann ein **Komma** setzen?
Füge die fehlenden Doppelpunkte und Kommas ein.

   1 Tina fragt: „Um wen geht es in dem Buch?"

   2 Cindy sagt   „Die Heldin im Buch ist Hannah."

   3 „Hannah ist ein freches Mädchen"   erzählt Cindy   „und in unserem Alter."

   4 Cindy ergänzt   „Und dann gibt es noch Billy."

   5 „Wer ist denn Billy?"   fragt Tina.

2 Doppelpunkte, Anführungszeichen und Kommas richtig setzen.

a Lies die Sätze.

b Kennzeichne in den Sätzen die wörtliche Rede.
Setze **Doppelpunkte**, **Anführungszeichen** und **Kommas**.

   1 „Billy ist der Sohn des Zirkusdirektors", sagt Cindy.

   2 Tina fragt   Werden Billy und Hannah noch Freunde?

   3 Ja, das tun sie   antwortet Cindy.

   4 Und warum   fragt Tina   findest du das Buch so spannend?

   5 Also erstens   sagt Cindy   ist das Buch ein Krimi.

   6 Und zweitens   fügt Cindy an   denkst du, da spricht jemand mit dir?

Wortbildung

Zusammengesetzte Nomen/Substantive

Nomen/Substantive können aus mehreren Wörtern zusammengesetzt sein.
Das erste Wort heißt **Bestimmungswort**, da es das nachfolgende
Grundwort näher bestimmt.
Das **Grundwort bestimmt den Artikel** des neuen Nomens/Substantivs.

1 Schreibe das zusammengesetzte Wort in die Spalte.

Bestimmungswort	Grundwort	zusammengesetztes Wort
der Tisch	d<u>ie</u> Decke	*die Tischdecke*
die Brille	d<u>as</u> Glas	
der Meister	d<u>er</u> Koch	
der Streusel	d<u>er</u> Kuchen	

2

a Verbinde ein Bestimmungswort mit einem passenden Grundwort.

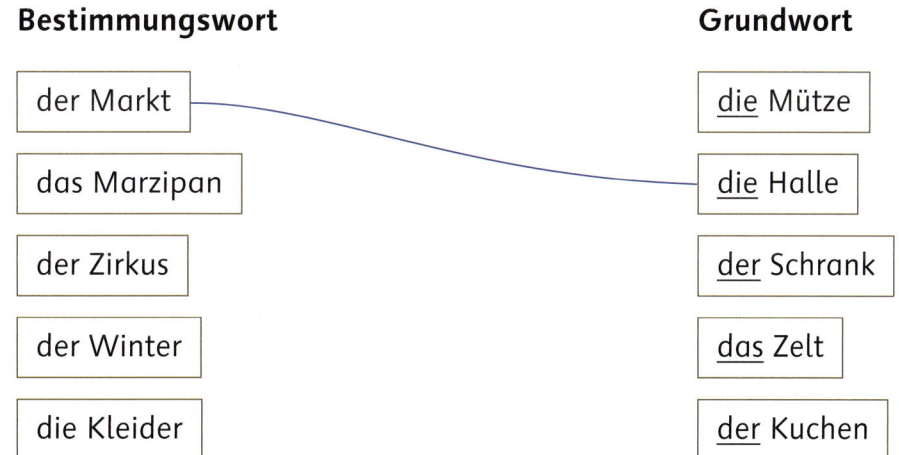

Bestimmungswort	Grundwort
der Markt	d<u>ie</u> Mütze
das Marzipan	d<u>ie</u> Halle
der Zirkus	d<u>er</u> Schrank
der Winter	d<u>as</u> Zelt
die Kleider	d<u>er</u> Kuchen

b Schreibe die zusammengesetzten Nomen/Substantive in dein Heft.

Beispiel: d<u>ie</u> Markthalle

Zusammengesetzte Adjektive

> Zusammengesetzte Adjektive **beschreiben** Dinge **genauer**.
> Beispiel: sehr rund – kugelrund (rund wie eine Kugel)
> sehr glatt – spiegelglatt (glatt wie ein Spiegel)

1 Bilde zusammengesetzte Adjektive.
Ergänze die Tabelle.

Tipp
Adjektive werden kleingeschrieben.

Bestimmungswort	Grundwort (Adjektiv)	zusammengesetztes Wort
Pfeil	schnell	*pfeilschnell*
Faust	groß	
Blitz	schnell	
Stein	hart	
Raben	schwarz	
Meter	hoch	
Bären	stark	
Knochen	hart	
Feder	leicht	

> Farben lassen sich genauer beschreiben.
> Beispiel: Zitronen – gelb = zitronengelb

2 Ergänze die Farbadjektive.
Nutze die Bestimmungswörter aus dem Kasten.

Wasser
Gras
Blut
Zitronen

Meine neuen Jeans sind _____blau.

Meine Schwester liebt _____rote Fingernägel.

Ihr T-Shirt ist _____grün.

Dazu trägt sie einen _____gelben Rock.

Abgeleitete Nomen/Substantive

An den folgenden **Suffixen** (Nachsilben) erkennt man Nomen/Substantive:
-heit, -keit, -ung, -schaft, -nis.
Beispiele: neu + heit = die Neu**heit**
fröhlich + keit = die Fröhlich**keit**
üben + ung = die Üb**ung**
Mann + schaft = die Mann**schaft**
erleben + nis = das Erleb**nis**

1 Bilde abgeleitete Nomen.
Schreibe die Nomen mit Artikel auf die Linien.

-heit: gesund, schön, frei, berühmt, gleich

die Gesundheit,

-keit: kostbar, heimlich, gemeinsam, heiter

-ung: umleiten[1], erfinden[1], prüfen[1], rechnen[1]

Tipp
[1] Beim zusammengesetzten Wort fällt beim Verb die Endung **-en** weg.

-schaft: Freund, Meister, verwandt, bereit

-nis: geheim, finster, erleben[1], wagen[1]

Abgeleitete Verben

> Durch das Anfügen von **Präfixen** (Vorsilben) ändern Verben
> ihre Bedeutung. Präfixe (Vorsilben) von Verben sind:
> be-, er-, ent-, miss-, ver-, zer-.
> Beispiel: raten – **be**raten, **er**raten, **ver**raten

1 Bilde abgeleitete Verben mit den Präfixen (Vorsilben).
Schreibe auf die Linien.

be-
ent-   decken   *bedecken, entdecken,* _____
ver-

be-
ent-   richten   _____
ver-

be-
ent-   werten   _____
ver-

be-
            arbeiten   _____
ver-

be-
miss-   achten   _____
ver-

2 Bilde zwei Sätze mit zwei abgeleiteten Verben.
Schreibe auf die Linien.

_____

_____

Abgeleitete Adjektive

> An folgenden **Suffixen** (Nachsilben) erkennt man Adjektive:
> -lich, -ig, -isch, -sam, -bar, -haft.
> Beispiele: Saft + ig = saft**ig**
> Tag + lich = täg**lich**

1 Bilde abgeleitete Adjektive mit den Suffixen (Nachsilben).
Schreibe auf die Linien.

-lich: Herbst, Winter, Gefahr[1], Ort[2]

herbstlich,

_____

-ig: Sonne[3], Wolke[3], Durst, Lust, Fleiß, Vorsicht

_____

_____

-isch: Sturm[4], Automat, Spott[2], Italien

_____

_____

-sam: Furcht, Lang, Rat, Mühe[3]

_____

_____

-bar: Wunder, Furcht, Strafe[3], Brauch

_____

_____

-haft: Fabel, Märchen, Schaden[5], Wohnen[5]

_____

_____

Tipp
Adjektive werden kleingeschrieben.

[1] aus **a** wird **ä**
[2] aus **o** wird **ö**
[3] **e** fällt weg
[4] aus **u** wird **ü**
[5] **en** fällt weg

Wortfamilien

> Alle Ableitungen und Zusammensetzungen von einem **Wortstamm**
> bilden zusammen eine **Wortfamilie**.
> Beispiel: Wortstamm **sprach**
> **sprach**lich
> die Mutter**sprach**e
> die Ab**sprach**e
> die **Sprach**reise
> das Ge**spräch**

 ❶ Bilde mit den Silben eine Wortfamilie zu **Rad**.

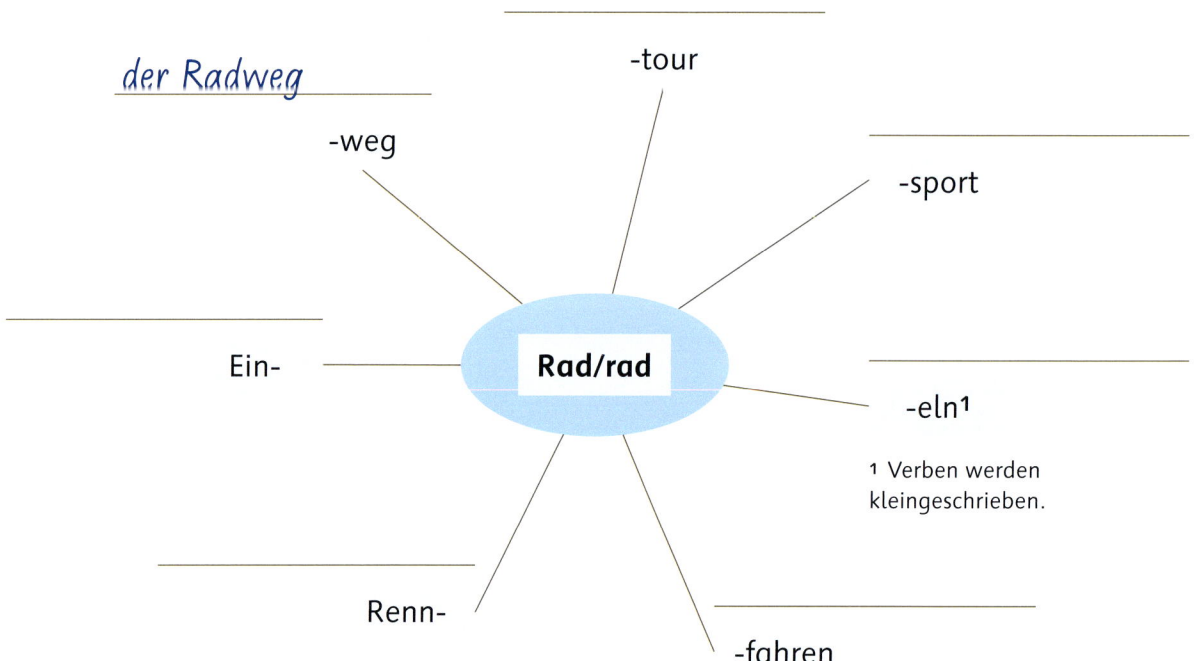

der Radweg

-tour

-weg

-sport

Ein-

Rad/rad

-eln¹

¹ Verben werden
kleingeschrieben.

Renn-

-fahren

 ❷ Bilde mit den Silben eine Wortfamilie zu **Rat**.

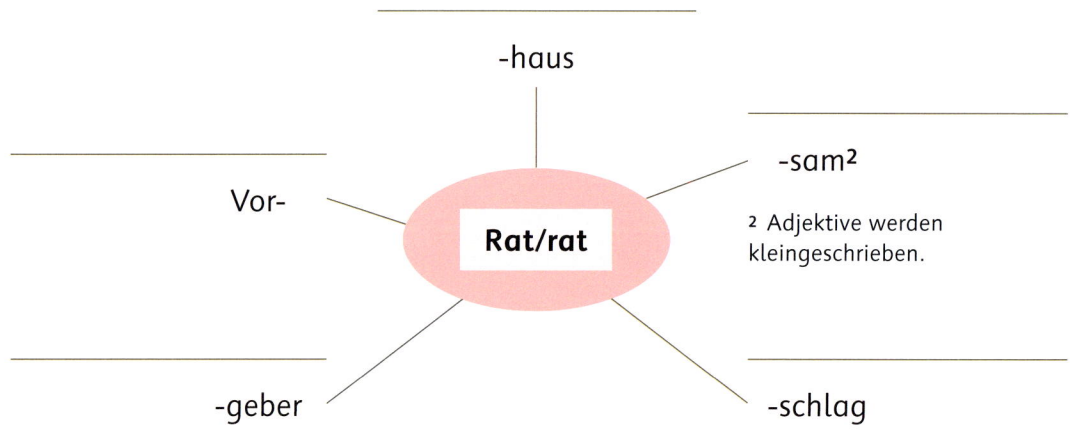

-haus

-sam²

Vor-

Rat/rat

² Adjektive werden
kleingeschrieben.

-geber

-schlag

Wortbedeutung

Ober- und Unterbegriffe

> Wörter mit **gleicher** oder **ähnlicher Bedeutung** bilden ein **Wortfeld**.
> Beispiel: gehen: laufen – rennen – schreiten – rasen – eilen – wandern

1 Welche Wörter gehören zum Wortfeld **essen**?
Kreise ein.

rühren   fressen   trinken   speisen

kosten   schlemmen   kauen   mampfen   naschen   schlingen

löffeln   verdrücken   schneiden   schmausen   malen   kochen

hasten

> Wortfelder lassen sich in **Oberbegriffe** mit allgemeiner Bedeutung
> und **Unterbegriffe** mit spezieller Bedeutung einteilen.
> Beispiel: Oberbegriff **Haustiere**
>
> Oberbegriff: **Haustiere**
>
> Unterbegriffe: Hund   Katze   Kanarienvogel   Meerschweinchen   Hamster

2 Suche zu den Wortreihen den **Oberbegriff**.
Wähle vom Rand jeweils einen passenden Oberbegriff aus.
Schreibe auf die Linien.

die Vögel
die Fahrzeuge
die Bäume
die Möbel
die Bekleidung
das Essen

_____

der Mantel, der Anorak, die Hose, das T-Shirt, das Hemd

_____

der Bus, die Straßenbahn, das Motorrad, das Fahrrad, das Flugzeug

_____

die Amsel, die Drossel, der Star, die Nachtigall, das Rotkehlchen

_____

der Tisch, das Sofa, das Bett, die Stühle, der Schrank, der Sessel

1

a Setze **drei Punkte**, **ein Komma** und ergänze **ein Fragezeichen**.

b Schreibe den Text ab.

c Achte auf die Großschreibung am Satzanfang.

Jedes Jahr ziehen fast 1000 Kinder von Zirkusleuten und

anderen Berufsgruppen durch Deutschland

sie müssen ständig die Schule die Lehrer und die Mitschüler

wechseln

manche Eltern bezahlen Privatlehrer oder organisieren

ein gemeinsames Hinbringen und Abholen

was aber macht der große Rest

Achtung, Fehler!

  2

a Verbinde die **Hauptsätze** mit den **Nebensätzen**.

b Schreibe den Text in dein Heft.

c Markiere die Hauptsätze und Nebensätze mit unterschiedlichen Farben.

Im Bundesland Nordrhein-Westfalen gibt es eine Schule für Zirkuskinder,	weil 30 Lehrkräfte sie dabei unterstützen.
Nur drei Lehrerinnen fuhren zu den einzelnen Zirkusunternehmen,	in der die Lehrer zu den Kindern gehen.
Heute können Zirkuskinder alle Schulfächer abschließen,	als der Unterricht 1994 begann.

 3 Schreibe folgende Sätze in dein Heft.
Setze die **Doppelpunkte** und **Kommas**.

Direktorin Annette Schneider sagt   „In unserer

ungewöhnlichen Schule lernen zurzeit 125 Kinder

im Alter zwischen 5 und 16 Jahren."

„Was ist das Besondere an Ihrer Schule?"

will die Reporterin wissen.

„Die Zirkuskinder"   erläutert Frau Schneider

„müssen viel selbstständiger lernen."

Achtung, Fehler!

4 In welcher **Zeitform** stehen die Verben?
Schreibe die Zeitformen daneben.

1 sie jongliert _____

2 ich schreibe _____

3 ich ging _____

4 wir probten _____

5 er wird warten _____

6 wir werden tanzen _____

Tipp
Diese Zeitformen
kennst du:
Präsens
(Gegenwart),
Präteritum
(Vergangenheit),
Futur
(Zukunft).

5 Ergänze die Tabelle.

Grundstufe	Mehrstufe	Meiststufe
aufregend	_____	am aufregendsten
_____	schwerer	_____
_____	schöner	_____
_____	_____	am saubersten

6 Schreibe die Wörter auf die Schreibzeilen.
Schreibe die **Nomen/Substantive groß** und die **Adjektive klein**.

ZIRKUSZELT _____

BLITZSCHNELL _____

HIMMELBLAU _____

BLAULICHT _____

7 Schreibe die Wörter in dein Heft.
Trenne die **Suffixe (Nachsilben)** durch Striche vom Wortstamm.

die Gründung / freundlich / witzig /
langsam / die Mannschaft / die Bekanntheit

Häufig vorkommende Wortstämme richtig schreiben

Wörter mit **b**, **d**, **g** und **p**, **t**, **k** am Stammende

1 Was fällt dir auf?

 a Lies die folgenden Wörter.
Achte beim Lesen auf die fett gedruckten Buchstaben.

das Ra**d** – der Ra**t**
der Ber**g** – der Schran**k**
der Die**b** – der Siru**p**

 b Tausche dich mit einer Partnerin oder einem Partner aus.

> **B**, **d**, **g** am Wortende werden wie **p**, **t**, **k** gesprochen.
> **Verlängere** die Wörter. Dann hörst du, welchen Buchstaben du schreiben musst.
> Beispiele: der We■ → die Wege → der W**eg**
> das Lan■ → die Län**d**er → das Lan**d**
> der Sta■ → die Stä**b**e → der Sta**b**

 2 Suche den fehlenden Buchstaben.

a Verlängere die folgenden Nomen/Substantive.
Schreibe die Pluralform auf.

b Trage dann den fehlenden Buchstaben ein.

Tipp
Nomen/
Substantive
kannst du
verlängern,
indem du
die Pluralform
bildest.

b oder p?	Plural (Mehrzahl)
der Kor _b_	*die Körbe*
der Die____	_____

d oder t?	Plural (Mehrzahl)
das Lie____	_____
das Klei____	_____

g oder k?	Plural (Mehrzahl)
die Ban____	_____
die Bur____	_____

Wörter mit kurzem Stammvokal

A a, E e, I i, O o, U u lassen Wörter klingen.

Vokale (Selbstlaute):
A a, E e, I i, O o, U u

Konsonanten (Mitlaute):
B b, C c, D d, F f, G g, H h, J j, K k,
L l, M m, N n, P p, Q q, R r, S s, ß,
T t, V v, W w, X x, Y y, Z z

1 Was siehst du?

a Schreibe die Wörter auf.

b Markiere die Vokale.

uPepm   die _____

leokW   die _____

pLema   die _____

2 In folgenden Wörtern werden die Stammvokale kurz gesprochen.

a Sprich die folgenden Wörter.

b Markiere die Stammvokale.

    1 die Puppe – die Pumpe
    2 die Wolle – die Wolke
    3 die Wette – die Weste

3 Suche die Wörter mit kurzem Stammvokal.

a Sprich die folgenden Wörter.

b Welche Wörter haben einen kurzen Stammvokal?

c Markiere in diesen Wörtern die Konsonanten
nach dem kurzen Stammvokal.

Tipp
Es sind
sechs
Wörter.

die Falte	sie sehen	sie rufen	die Taste
die Hose	wir leben	die Klasse	der Hase
der Onkel	wir rennen	die Tanne	

> Folgen nach einem **kurzen betonten Vokal (Selbstlaut)** mehrere **verschiedene Konsonanten (Mitlaute)**, so wird in der Regel **keiner verdoppelt**.
> Beispiele: die Tante, der Kasten
> Hört man nur **einen Konsonanten**, dann wird dieser **verdoppelt**.
> Beispiele: die Tasse, die Kanne

4 Unterscheide Wörter mit **zwei gleichen** und **zwei unterschiedlichen Konsonanten**.

a Sprich die folgenden Wörter.
Achte auf die Konsonanten nach dem Stammvokal.

die Pumpe / die Klasse / die Lampe / der Onkel /
die Taste / die Welle / die Tanne / die Puppe

b Trage die Wörter richtig ein.

zwei gleiche Konsonanten	zwei unterschiedliche Konsonanten

5 Suche zu den jeweiligen Wortstämmen weitere Wörter.
Schreibe sie auf die Linien.

wegschaffen

schaff

essbar

ess

mitkommen

komm

Wörter mit langem Stammvokal

> **Lang gesprochene Vokale (Selbstlaute)** werden **unterschiedlich geschrieben**.
> Viele Wörter schreiben wir mit einem **einfachen Vokal**.
> Beispiele: legen, sagen, die Schule, die Blume

1 Mit Reimwörtern prägen sich Schreibweisen ein.

a Schreibe die fehlenden Buchstaben auf die Linien.

b Markiere den **lang gesprochenen Vokal**.

das Tal – der Sch *al* – die Qu_____ – der W_____

die Hose – die R_____ – die D_____ – die L_____

die Nase – der H_____ – die V_____ – die Bl_____

2 Bilde Wortverwandtschaften.

a Schreibe die fehlenden Buchstaben auf die Linien.

b Markiere den **lang gesprochenen Vokal**.

1 der Name: n *amen* los, der Nach_____, der Vor_____

2 sparen: das S_____buch, ge_____, die S_____dose

3 die Schale: die Obst_____, die Apfel_____

4 malen: das _____buch, an_____, be_____

5 das Rad: das _____fahren, das Hinter_____, das Ein_____

c Bilde mit einem Wort aus jeder Zeile einen Satz.

1 _____

2 _____

3 _____

4 _____

5 _____

> **Lang gesprochene Vokale (Selbstlaute)** werden **unterschiedlich geschrieben**.
> Manche Wörter schreiben wir mit **h**.
> Beispiele: fe**h**len, wo**h**nen, die Ba**h**n, der Za**h**n

✎ ❸ Bilde Wortfamilien.
Schreibe in die Luftballons Wörter zu der Wortfamilie.

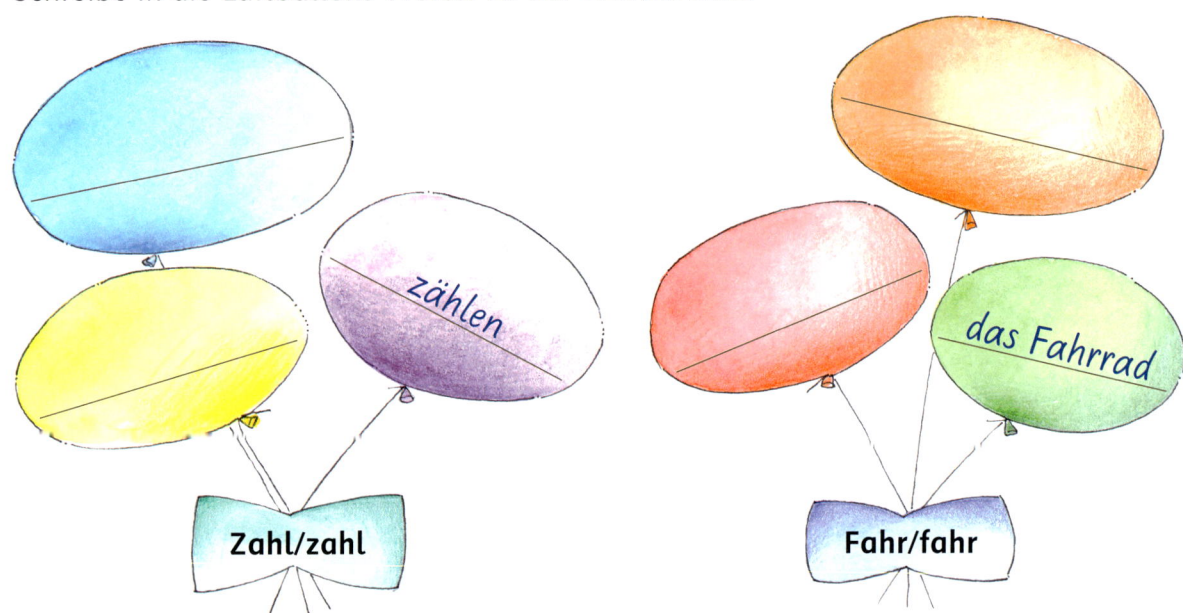

> **Lang gesprochene Vokale (Selbstlaute)** werden **unterschiedlich geschrieben**.
> Einige Wörter schreiben wir mit einem **doppelten Vokal**.
> Beispiele: der S**ee**, die W**aa**ge, l**ee**r

✎ ❹ Welche Wörter entstehen, wenn du **ee** einsetzt?
Ergänze die Wörter.

die All_____   das H_____r   die F_____   der T_____   der Schn_____

das M_____r   der Sp_____r   der Kl_____   die B_____re   das B_____t

❺ Der lang gesprochene Vokal wird unterschiedlich geschrieben
in den Wörtern.

📖 **a** Lies die Wortpaare langsam und betont vor.

✎ **b** Markiere die drei Schreibweisen für einen lang gesprochenen
Vokal mit unterschiedlichen Farben.

			Tipp

se**h**en – stehen   leben – kleben   das Rohr – das Ohr

Tipp
– einfacher Vokal
– h
– doppelter Vokal

fühlen – führen   lesen – der Besen   das Boot – der Zoo

sp**ü**ren – sparen   d**oo**f – cool   das Haar – das Paar

Typische Buchstabenverbindungen (st, sp)

1 Erkenne die Wörter mit **sp** und **st**.

a Lies den Text.

b Markiere die Wörter mit **Sp/sp** und **St/st**.

Im Garten beobachtet

1 Ich stehe ganz leise unter dem Baum und staune.

2 Eine Spinne spinnt ihr Netz in den Zweigen.

3 Eine Katze springt über den Zaun.

4 Im Vogelhaus sitzen ein Star und ein Spatz.

> **Tipp**
> In dem Text stehen sieben Wörter mit **Sp/sp** und **St/st**.

2 Was fällt dir auf?

a Lies die markierten Wörter noch einmal.

b Ergänze die Merksätze.

Wir hören **schp**, aber schreiben _____.   Wir hören **scht**, aber schreiben _____.

3 Ergänze **Sp** oder **St**.

der _____ern   der _____aten   der _____iefel   das _____iel

4 Ergänze die Sätze mit den Wörtern am Rand.

Im Park

1 Heute sind viele Kinder auf dem _____.

2 Einige _____ Volleyball, andere turnen am Klettergerüst.

3 Janek läuft auf _____.

4 Er ist besonders _____.

5 Malte zeichnet mit dem _____ eine Linie.

6 Er will mit _____ um die Wette laufen.

> Stelzen
> Spielplatz
> Steffen
> Stock
> spielen
> sportlich

Wörter mit s, ss, ß im Wortstamm

> In Wörtern mit **langem Vokal oder Zwielaut** (ei, au, eu, äu) schreibt man **s**, wenn der **s-Laut stimmhaft (summend)** gesprochen wird.
> Beispiele: die Rose, lesen

1 Sprich Wörter mit **s** richtig.

a Lies die Wörter.

b Sprich den s-Laut deutlich stimmhaft (summend) aus.

c Markiere den s-Laut.

die Speise / die Kreise / reisen / das Los / speisen / die Reise / kreisen

2 Schreibe Wörter mit **s** richtig.

a Schreibe die Wörter von Aufgabe 1 in die Tabelle.

b Ergänze die fehlenden Wörter.

c Markiere den s-Laut.

Nomen/Substantiv	Infinitiv (Grundform)	3. Person Präteritum (Vergangenheit)
die Speise	speisen	er speiste
die Kreise		
das Los	losen	
die Reise		

> In Wörtern mit **langem Vokal oder Zwielaut** (ei, au, eu, äu) schreibt man **ß**, wenn der **s-Laut stimmlos (zischend)** gesprochen wird.
> Beispiele: fließen, groß

3 Sprich Wörter mit **ß** richtig.

a Lies die Wörter.

b Sprich den s-Laut stimmlos (zischend) aus.

c Markiere den s-Laut.

der Strauß / schließen / süß / der Spaß / fleißig / die Straße / beißen

Worttrennung

> 1. Wörter kann man **nach Sprechsilben trennen**.
>   Steht an der Silbengrenze nur **ein Konsonant (Mitlaut)**,
>   so wird **vor dem Konsonanten** getrennt.
>   Beispiele: fra-**g**en, spie-**l**en

1 Wende die **1. Trennungsregel** an.

a Sprich die Wörter langsam. Zerlege sie dabei in Silben.

b Markiere den Konsonanten in der Wortmitte.

ma**l**en / sa**g**en / schreiben / laufen / reden / lesen / schlafen
die Frage / der Name / die Kreide / die Leine / die Lupe

2 Schreibe die Wörter mit einem Trennstrich auf.

ma-len, _____

_____

die Fra-ge, _____

_____

> 2. Stehen **zwei Konsonanten** an der Silbengrenze,
>   so wird **zwischen den Konsonanten** getrennt.
>   Beispiele: war-**t**en, bel-**l**en

3 Wende die **2. Trennungsregel** an.

a Sprich die Wörter langsam und achte auf die Silben.

b Markiere die Konsonanten.

si**ng**en / denken / basteln / rennen / werfen
das Messer / das Zebra / der Hefter / die Hitze

c Schreibe die Wörter mit einem Trennstrich in dein Heft.

sin-gen,

4 Wende beide Trennungsregeln an.
Schreibe die Wörter mit einem Trennstrich in dein Heft.

lernen / die Schraube / die Wurzel / weinen / die Katze / fallen /
tanzen / die Blätter / leben / die Leute / greifen / die Pause

Groß- und Kleinschreibung

Nomen/Substantive

> Den **Satzanfang** schreiben wir **groß**.
> Am **Ende des Satzes** steht ein **Punkt**.
> Beispiel: **D**as Haus ist blau**.**

1 Erkenne Satzanfänge und Satzschlusszeichen.

 a Lies die Sätze.

 b Markiere die Satzanfänge und Satzschlusszeichen.

   1 Ida und Paul haben Ferien.
   2 Am Donnerstag fahren die beiden Freunde in den Zoo.
   3 Sie erfahren viel über das Leben der Gorillas.
   4 Es sind die größten Menschenaffen.

 2 Bilde drei Sätze.
Schreibe sie richtig in dein Heft.

1 sind   die größten Menschenaffen   Gorillas
2 leben   Die Tiere   im Wald
3 nachts   bauen sich   Sie   Schlafnester

> **Nomen/Substantive** werden immer **großgeschrieben**.
> Zu jedem Nomen/Substantiv gehört ein **Artikel**: der, die, das.
> Beispiele: der Baum, die Tasche, das Ohr

 3 Erkenne Nomen/Substantive.

a Markiere in Aufgabe 1 alle Nomen/Substantive.

b Schreibe sie mit Artikel in dein Heft.

die Ferien,

 4 Welche Nomen/Substantive findest du in der Wörterschlange?

a Teile die Wörter ab.

b Schreibe sie mit Artikel in dein Heft.

URWALDVORTRAGBERGLEBENFAMILIEBLATTFELL

der Urwald,

Anredepronomen

> **Persönliche Anredepronomen**, wie zum Beispiel **du, dir, dich, ihr, euch** und **eure** werden in Karten, Briefen, E-Mails und Einladungen in der Regel **kleingeschrieben**.

1 Tina schreibt ihrer Oma eine E-Mail.
Sie möchte sie zum Gartenfest einladen.

 a Lies die E-Mail.

 b Markiere die Anredepronomen.

Von:	tina@beispiel.de
An:	oma.lehmann@beispiel.de
Betreff:	Unser Gartenfest

Liebe Oma,
ich möchte dich am Wochenende zum Gartenfest einladen.
Mama wird einen Kuchen nach deinem alten Familienrezept backen.
Ich werde für dich einen Nudelsalat zubereiten. Wir freuen uns auf dich!
Alles Liebe
deine Tina

2 Schreibe die markierten Anredepronomen auf.

> Die **höflichen Anredepronomen Sie, Ihr** und alle **ihre Formen** werden **großgeschrieben**.

3 Tina hat auch ihre Nachbarn eingeladen.
Frau Meier hat sie eine Karte geschrieben.

 a Lies die Karte.

 b Markiere die Anredepronomen.
Schreibe sie in dein Heft.

Liebe Frau Meier,
ich möchte Sie und Ihren Mann recht herzlich am Wochenende
zum Gartenfest einladen. Um 15 Uhr ist Ihnen hoffentlich nicht zu zeitig.
Wir freuen uns auf Ihr Kommen.
Herzliche Grüße
Ihre Tina

 **1** Lies den Text.

Auf dem Bahnhof

1 Lars holt seine Mutter vom Bahnhof ab.

2 Endlich kommt sie wieder nach Hause.

3 Der Zug fährt ein und viele Menschen rennen ihm entgegen.

4 Ein Mann eilt schnell auf einen anderen Jungen zu.

5 Lars und der Junge hatten zusammen gewartet.

6 Lars sieht mitten auf dem Bahnsteig seine Mutter stehen. Sie weint.

7 Plötzlich sieht er den kaputten Koffer. Die Sachen liegen herum.

8 Na toll! Wenn schon mal alles glattlaufen soll!

2 Erkenne Wörter mit **doppeltem Konsonanten**.

a Markiere im Text alle Wörter mit doppeltem Konsonanten.

b Schreibe die Wörter in die richtige Zeile.

c Markiere in den Wörtern die Vokale, die kurz gesprochen werden.

tt *Mutter,* _____

nn _____

mm _____

ll _____

ff _____

3 Ergänze die Reimwörter.

der Rand   das L_____   die W_____   der S_____

4 Suche Wortverwandtschaften.
Ergänze die Wörter.

das Kleid – bekleidet – der K_____schrank

der Wind – w_____ig – der Ost_____

der Berg – b_____ig – b_____ab

5 Entscheide, ob **groß** oder **klein**.
Streiche den falschen Buchstaben durch.

D/die S/sporthalle ist ausverkauft.

F/fast alle Z/zuschauer sitzen auf ihren P/plätzen.

E/es herrscht eine tolle S/stimmung.

F/fans singen und P/plakate werden in die H/höhe gehalten.

6 Schreibe die Nomen/Substantive mit bestimmten Artikeln auf.

WETTERMAUERBALLTORBANKSIEGKORBLINIE

Tipp
der
die
das

das Wetter,

7 Wende die Trennungsregeln an.

a Lies die Wörter langsam.

b Markiere die Konsonanten in der Wortmitte.

starten / die Schaufel / schreiben / der Graben / halten / träumen /
die Landung / klettern / das Foto / braten / der Bagger / das Wetter

c Schreibe die Wörter ab und trenne sie.

star-ten,

8 Entscheide, ob du **s** oder **ß** schreiben musst.
Schreibe den Plural dazu.

das Gla____ – die Glä____er   der Prei____ – _____

der Gru____ – die Grü____e   der Klo____ – _____

das Flo____ – _____   der Fel____ – _____

Tipp
Verlängere.
Bei einem
**summenden
s-Laut** schreibt
man **s** und
bei einem
**zischenden
s-Laut ß**.

Infinitiv (Grundform)	Präsens (Gegenwart)	Präteritum (Vergangenheit)	Perfekt (zweite Vergangenheit)
bitten	du bittest	sie bat	sie hat gebeten
bleiben	du bleibst	er blieb	er ist geblieben
bringen	du bringst	sie brachte	sie hat gebracht
dürfen	du darfst	er durfte	er hat gedurft
essen	du isst	sie aß	sie hat gegessen
fahren	du fährst	er fuhr	er ist gefahren
fallen	du fällst	sie fiel	sie ist gefallen
fliehen	du fliehst	er floh	er ist geflohen
fließen	es fließt	es floss	es ist geflossen
gehen	du gehst	sie ging	sie ist gegangen
halten	du hältst	er hielt	er hat gehalten
heißen	du heißt	sie hieß	sie hat geheißen
helfen	du hilfst	er half	er hat geholfen
kommen	du kommst	sie kam	sie ist gekommen
laufen	du läufst	er lief	er ist gelaufen
lesen	du liest	sie las	sie hat gelesen
mögen	du magst	er mochte	er hat gemocht
nehmen	du nimmst	sie nahm	sie hat genommen
rufen	du rufst	er rief	er hat gerufen
schlafen	du schläfst	sie schlief	sie hat geschlafen
sehen	du siehst	er sah	er hat gesehen
sein	du bist	sie war	sie ist gewesen
singen	du singst	er sang	er hat gesungen
sitzen	du sitzt	sie saß	sie hat gesessen
sprechen	du sprichst	er sprach	er hat gesprochen
stehen	du stehst	sie stand	sie hat gestanden
treffen	du triffst	er traf	er hat getroffen
tun	du tust	sie tat	sie hat getan
werden	du wirst	er wurde	er ist geworden
wissen	du weißt	sie wusste	sie hat gewusst